PENSE COMO UM
ESTOICO

PENSE COMO UM ESTOICO

KEN MOGI

Tradução Marcia Blasques

astral cultural

Editora Natália Ortega

Editora de arte Tâmizi Ribeiro

Coordenação editorial Brendha Rodrigues

Produção editorial Gabriella Alcântara e Thais Taldivo

Preparação de texto Alexandre Magalhães

Revisão de texto Wélida Muniz

Design da capa Andrew Smith **Ilustração da capa** © Shutterstock

Foto do autor © Itaru Hirama

Dados Internacionais de Catalogação na Publicação (CIP)
Angélica Ilacqua CRB-8/7057

M71p

Mogi, Ken
Pense como um estoico / Ken Mogi ; tradução de Marcia Blasques. – São Paulo, SP : Astral Cultural, 2025.
208 p.

ISBN 978-65-5566-660-1
Título original: Think Like a Stoic

1. Estoicismo 2. Estilo de vida 3. Filosofia prática 4. Autoconhecimento I. Blasques, Marcia II. Título

25-3902 CDD 171.2

Índice para catálogo sistemático:
1. Estoicismo

BAURU
Rua Joaquim Anacleto
Bueno 1-42
Jardim Contorno
CEP: 17047-281
Telefone: (14) 3879-3877

SÃO PAULO
Rua Augusta, 101
Sala 1812, 18º andar
Consolação
CEP: 01305-000
Telefone: (11) 3048-2900

E-mail: contato@astralcultural.com.br

Dedicado à primeira borboleta
que vi quando criança.

SUMÁRIO

GLOSSÁRIO

bushidō O código samurai — o caminho do guerreiro — prioriza a bravura, a lealdade e o autossacrifício, por vezes antes mesmo da própria vida. Teve origem no período Kamakura (1192-1333), e, com o tempo, o código marcial do *bushidō* absorveu influências do confucionismo e do budismo. Embora também enfatize os princípios da vida frugal, da gentileza, da honestidade e da honra pessoal, a ênfase primordial do *bushidō* está no dever, na obrigação e na honra. O suicídio ritual, *seppuku*, também conhecido como haraquiri, foi institucionalizado como uma resposta respeitada à desonra ou à derrota. O *bushidō* permaneceu como um *éthos* fundamental no pensamento moral japonês até o final da Segunda Guerra Mundial; a instrução oficial presente no código foi oficialmente abandonada com a derrota do Japão em 1945.

gaman Suportar com dignidade. Visto como um traço muito positivo e desejável no Japão, *gaman* é tanto tolerar sem reclamar da dificuldade (muitas vezes algo desagradável, doloroso ou desconfortável), quanto também autocontenção — refrear o instinto de seguir os próprios desejos a fim de apoiar o grupo como um todo. Sua realização é vista como uma expressão de maturidade.

ganbaru Com o significado literal de "melhores esforços", *ganbaru* é fazer o seu melhor e perseverar, mesmo em tempos difíceis. Ao enfrentar a adversidade, *ganbaru* significa não dar desculpas para o fracasso, mas redobrar seus esforços.

giri As obrigações e o dever de uma pessoa para com o grupo; servir aos seus superiores com devoção e abnegação. Guiado por uma compreensão coletiva do que é melhor para aquela pessoa ou grupo, *giri* é o senso de lealdade que se sobrepõe a desejos ou opiniões pessoais. Compreender o *giri* dos outros é também uma forma de demonstrar consideração por eles.

ikigai O propósito de alguém na vida. Literalmente a razão de alguém se levantar pela manhã, *ikigai* pode ser tanto as pequenas coisas que trazem alegria a uma pessoa quanto um sentido maior de propósito. Seu *ikigai*, grande ou pequeno, é uma fonte de significado que não depende de talento ou reconhecimento mundano.

kodawari Senso pessoal de perfeccionismo. Compromisso com um padrão de qualidade pessoal que envolve prestar atenção aos mínimos detalhes e reconhecer até mesmo as mais ínfimas melhorias.

nagomi Equilíbrio, harmonia. Conceito profundamente enraizado na cultura japonesa, *nagomi* expressa a sensação de calma, conforto e paz dentro de si mesmo, além de, por extensão, com o mundo ao seu redor. Pode também significar a aceitação de certo equilíbrio entre o bom e o mau na vida, a fim de sustentar a harmonia dentro de si e com o mundo em geral.

nora Com o significado de "selvagem", a palavra *nora*, quando adicionada a uma pessoa ou objeto, pode ser usada para indicar algo perdido, não domesticado, não autorizado ou fora das regras.

ninjō Emoção ou compaixão humana, muitas vezes um sentimento pessoal que surge em conflito com o *giri*, ou senso de dever, de uma pessoa.

zatsudan Significa "conversas variadas"; são as abrangentes trocas sociais informais que unem a sociedade japonesa.

PREFÁCIO

Este é um livro que busca proporcionar apoio diante dos desafios da vida moderna. Ao longo destas páginas, farei o possível para oferecer aos meus leitores — em todo o espectro da humanidade, de pessoas comuns a (aspirantes a) líderes, de extrovertidos a introvertidos, de ambiciosos a humildes, de famintos a satisfeitos e, ainda que não exatamente, talvez de escravizados a imperadores — uma visão de como a sabedoria milenar do estoicismo pode auxiliar em nossa jornada por uma era confusa e avassaladora.

Nesse processo, desenvolverei uma vasta gama de assuntos, desde questões da vida cotidiana como o gerenciamento das emoções, a aceitação de si mesmo, a comunicação social, a como encarar os outros, a como lidar com as incertezas da vida, a felicidade etc.; até questões fundamentais e complexas como a criatividade, a consciência, o livre-arbítrio, o infinito e o universo, o meio ambiente e o futuro da civilização humana. Quando terminar de ler este livro, você estará convencido de que essas grandes questões, de fato, têm relevância para os problemas aparentemente pequenos de sua vida particular. Além disso, apresentarei um mega-astro da Grécia Antiga sob um novo holofote e discutirei a possibilidade de que o mundo em que vivemos, não importa quão despedaçado ele possa parecer, é, na verdade, o melhor de todos os mundos possíveis.

Sou neurocientista, escritor e radialista radicado em Tóquio, no Japão, e autor de livros como *Ikigai: os cinco passos para encontrar seu propósito de vida e ser mais feliz* e *Nagomi: a filosofia japonesa para viver em paz e harmonia*. Meu livro sobre *ikigai* (a razão pessoal de alguém para viver) foi publicado em 32 idiomas e 58 países, e se tornou um best-seller na Alemanha depois de aparecer em uma popular série de TV policial. Na verdade, foi o best-seller de não ficção número um no país em 2024. Este é o meu primeiro título internacional que não trata apenas do Japão, embora minha perspectiva japonesa muito provavelmente transparecerá aqui.

O estoicismo não é específico de uma cultura, tampouco é uma ideologia. Estamos falando de uma filosofia de vida que evolui e se adapta constantemente aos novos tempos.

Vamos explorá-lo juntos.

INTRODUÇÃO

Houve um tempo em que este era um mundo de escassez. Nossos ancestrais, incluindo os microrganismos que nos precederam centenas de milhões de anos atrás, tiveram que lutar pela sobrevivência, procurando o que comer e buscando lugares onde pudessem se esconder com segurança. Os tempos mudaram. Agora vivemos em um mundo de abundância, ao menos para os mais afortunados entre nós. Isso se aplica não só à riqueza material, mas também, e sobretudo, à abundância de informação. Não obstante, alguns de nós podem se sentir estranhamente vazios, até mesmo à beira de um burnout, perdidos no grande oceano da vida que, às vezes, parece sem sentido e cruel. Talvez seja por isso que você escolheu este livro e agora esteja começando sua leitura.

Um fator crucial para esse vazio é o desaparecimento dos valores e modos de pensar tradicionais. Para muitas pessoas, no mundo todo, já não basta apenas seguir ideias e normas preestabelecidas para levar uma vida satisfatória, espiritualmente falando. Não é que sejamos menos humanos que nossos ancestrais. Na verdade, talvez sejamos até mais, mas de muitas maneiras diferentes, com contribuições de muitas culturas. Temos diversidade em vez de monoculturalismo, e isso é maravilhoso, mas também avassalador.

Vivemos em uma era na qual está cada vez mais difícil fazer escolhas condizentes com nós mesmos. Em 1970, o futurista Alvin Toffler previu uma condição que chamou de "sobrecarga de escolhas". Na Era da Informação, como ele a chamou, seríamos confrontados com a perspectiva de realizar escolhas a partir de uma multidão de alternativas, apresentadas de modo virtual ou físico, sendo cada vez mais comum o primeiro caso, e isso antes mesmo de o metaverso entrar em cena. Essa era já chegou. Um adolescente que pula de um conteúdo a outro ofertado pelo TikTok, Instagram ou YouTube realiza um exercício que, embora específico do nosso tempo, foi previsto por Toffler várias décadas atrás. Com a enxurrada de conteúdo gerado por inteligência artificial, a "sobrecarga de escolhas" acabará por se tornar ainda mais avassaladora nos próximos anos.

O problema não é apenas o excesso de informação. A vida moderna é complexa, e a nossa vida tem se ramificado em muitas direções. É literalmente tudo em todo lugar ao mesmo tempo, mesmo para os mais comuns entre nós. E, ainda que tomemos o melhor caminho em uma encruzilhada, não há garantia de que os resultados serão ótimos, ou mesmo favoráveis, por causa do "caos dinâmico", termo cunhado pelo meteorologista Edward Lorenz na década de 1970. Sistemas complexos demonstram grande imprevisibilidade: mesmo pequenas diferenças no estado inicial podem levar a diferenças enormes e inesperadas no resultado. Esse é o famoso efeito borboleta, que sugere que o bater de asas de uma borboleta na floresta tropical da Amazônia poderia, em algum momento, determinar a ocorrência de um tornado, digamos, no Texas, Estados Unidos. O mais espantoso é que isso não é uma mera metáfora, mas uma verdade matemática no sentido mais rigoroso.

A realidade do efeito borboleta em nossa vida é que não existe distinção entre escolhas sérias e triviais. Para qual faculdade ir, qual ocupação escolher, onde morar, com quem se casar: reconhecemos essas como decisões importantes na vida. Mas, se levarmos a teoria do caos ao pé da letra, escolher o que almoçar hoje ou que roupa vestir, ou mesmo se deve virar à direita ou à esquerda no próximo cruzamento, poderia potencialmente levar a diferenças enormes no desenrolar da sua vida. O mundo é um lugar caótico, e não há como saber se uma escolha específica é ou não a ideal, não importa quão inteligente e informado você seja nem quanto se esforce.

Hoje, o caos dinâmico e o excesso de informação caminham lado a lado com as incertezas da globalização, das mudanças ambientais e da inteligência artificial. Com problemas aparentemente intratáveis como o aquecimento global, as notícias falsas e as câmaras de eco políticas, viver está se tornando cada vez mais desafiador. E ainda assim, na nossa vida privada, temos os mesmos problemas de sempre relativos a família, amigos, escolhas de carreira e como fechar as contas no fim do mês. É bastante evidente que precisamos de uma visão e de orientação. Mas como podemos encontrá-las neste vácuo liberal, porém enervante, de valores preestabelecidos? Existe uma maneira esclarecida de prosseguir a partir daqui?

Eu proponho que, nesta era, precisamos estudar com seriedade e, talvez, tornar nossa uma tradição filosófica específica: o estoicismo.

...

O estoicismo remonta desde a Grécia Antiga. A escola estoica como a conhecemos hoje em dia teve início com Zenão de

Cítio (*c.* 334 a.C. – *c.* 262 a.C.). O nome "estoico" vem da palavra *stoá*, ou pórtico pintado, o local onde Zenão ensinava suas ideias na Atenas antiga. Quando jovem, Zenão vivenciou e sobreviveu a um naufrágio. Mais tarde, em uma livraria em Atenas, ele se deparou com uma descrição que Sócrates fez de Xenofonte, um de seus discípulos, em *Memorabilia*. Impressionado com a representação de Xenofonte, Zenão começou a se interessar por filosofia. Esse foi o início de suas investigações filosóficas, que culminaram na fundação da escola estoica.

Assim, de forma indireta, mas bastante essencial e espiritual, Sócrates poderia ser considerado o pai do estoicismo. De fato, muitos estudiosos o identificam como um dos pensadores importantes dessa filosofia, e muitos escritores estoicos — Zenão, Sêneca, Marco Aurélio e Epicteto entre eles — encontraram inspiração e orientação por meio de sua história e ensinamentos.

Ao longo da vida, Sócrates se esforçou para viver em harmonia com a razão e a natureza. Ele sabia como se engajar em um diálogo aberto e aprender com outras pessoas. Também era tolerante para com as peculiaridades dos outros, estando bem ciente de sua própria ignorância. Por fim, Sócrates encarou a própria morte com resignação. Muitos desses traços são o alicerce para o modo de vida estoico, e essa associação socrática concede profundidade e ressonância ao *éthos* estoico, um tema ao qual retornaremos mais adiante neste livro.

A escola estoica permaneceu popular por mais de quinhentos anos, e as obras de escritores estoicos posteriores, como Sêneca, no século I a.C., Epicteto, o ex-escravizado, e Marco Aurélio, o imperador romano de 160-180 d.C., nos oferecem excelentes pilares de sabedoria como referência. Mas pode uma sabedoria tão antiga servir ao homem moderno em contextos que transcendam um currículo de humanidades?

De fato, pode. Não há nada de novo sob o sol. Na verdade, no que diz respeito a uma filosofia de vida, talvez não haja muito a acrescentar ao que já foi escrito no cânone do estoicismo. Suas mensagens essenciais permanecem relevantes porque todos nós ainda somos humanos, e a essência de nossa existência não mudou tanto assim com o passar do tempo. Nós ainda sonhamos, amamos, às vezes nos decepcionamos, tudo de maneira estoica. Isso não é maravilhoso?

E, no entanto, sinto de fato que há uma necessidade premente de atualizar a forma como lidamos com o estoicismo, de modo a refletir os parâmetros dos dias de hoje, além das necessidades práticas e psicológicas das pessoas de agora.

Uma vantagem do nosso tempo é que nós, seres humanos, temos mais conhecimento sobre nós mesmos e sobre o mundo ao nosso redor do que os grandes estoicos tiveram acesso. Uma interpretação e extensão moderna do estoicismo pode se beneficiar de campos como neurociência, ciência cognitiva, psicologia, ciência das redes, economia e inteligência artificial. Insights da física e da cosmologia também são surpreendentemente relevantes. Os da neurociência, em especial, nos dizem como nos adaptamos às constantes mudanças dos tempos modernos: absorvendo e interpretando os dados sensoriais externos e agindo de acordo, afetando assim a plasticidade das redes neurais no cérebro. Nesse processo, compreender e implementar conceitos que descrevem nossas atitudes em relação ao mundo torna-se crucial. Apreender uma versão atualizada do estoicismo e apropriar-se dela é parte disso.

Por exemplo, um dos temas mais importantes nos ensinamentos de Sócrates e da escola estoica era o conceito de alinhamento. Os estoicos consideravam os seres humanos como parte do universo e sujeitos às leis naturais. Eles acreditavam que nossa natureza individual era parte da natureza universal, e que nosso trabalho como humanos era aceitar o mundo como ele é e viver de maneira correspondente a ele. Ou, como disse Marco Aurélio (*Meditações* 6, XLIX): "Aquilo que não é bom para a colmeia não pode ser bom para a abelha".

Nos dias de hoje, "alinhamento" tem significados adicionais, embora curiosamente relacionados. Na neurociência, o alinhamento é tido como o resultado do processo de aprendizagem do cérebro humano, a consequência de tornar consistentes entre si as entradas sensoriais e nossas ações. Em inteligência artificial, "alinhamento" é usado como um conceito para guiar pesquisa e desenvolvimento, como em "alinhamento de IA". Um aspecto essencial do alinhamento relacionado à IA é que as entidades alinhadas (como humanos e IAs) retêm cada qual sua existência, autonomia e traços individuais sem que, para isso, sejam fundidas e transformadas em uma só. Embora mantenham identidades separadas, o alinhamento permite que as entidades estejam em harmonia umas com as outras (ou como nós, japoneses, diríamos: em um estado de *nagomi*), de modo que o sistema como um todo possa funcionar de maneira robusta e sustentável. Os alinhamentos entre humanos e inteligência artificial, humanos e natureza, e entre pessoas com características diferentes e únicas serão de vital importância em nosso mundo moderno. A esse respeito, o estoicismo é capaz de mostrar como cada um de nós pode viver como um indivíduo e manter essa individualidade, mas em sintonia com os grandes desígnios do universo.

Então, neste livro, eu gostaria de humildemente acrescentar insights específicos ao nosso tempo presente, se me for permitido. Tentarei fornecer um amplo espectro de pontos de vista, desde aqueles que auxiliam na vida cotidiana do leitor até os que apresentam implicações profundas para nossa própria existência como seres humanos. Um dos principais objetivos dos grandes pensadores estoicos e das pessoas que seguiram seus escritos era encontrar paz em meio ao tumulto do mundo e obter consolo para a alma. Sem compreender quem realmente somos, não temos como encontrar consolo para a alma, mesmo no contexto da vida cotidiana. Como o título da grande obra de Sêneca sugere, eu gostaria de fornecer "Consolações" ao leitor.

...

De sua origem nos tempos gregos e romanos até os dias de hoje, o estoicismo é uma escola de pensamento que brota do mundo ocidental e, consequentemente, tem fortes conotações ocidentais. No entanto, é importante perceber que o estoicismo, tal como se apresenta hoje, e como poderá ser usado no futuro, é um *éthos* multicultural que oferece recompensas valiosas.

No mundo todo, as pessoas costumam praticar o estoicismo popular (isto é, o estoicismo como modo de vida, e não como conceito filosófico) à sua própria maneira, sem conhecer a base teórica, histórica ou científica para tal. Todo indivíduo comum pode ser um estoico. Um atleta, um artista, uma pessoa de negócios, uma mãe, um pai, uma criança, um idoso, todos podem ser estoicos. Alguns se descrevem explicitamente como estoicos; outros o são sem ter consciência disso. Há aqueles que nunca se depararam com o conceito, mas o praticam mesmo assim, sobretudo em regiões onde a influência do cânone ocidental ainda não chegou. Seja como for, as pessoas se mostram estoicas enquanto cuidam dos afazeres da vida porque precisam ser assim. O estoicismo, como defendo neste livro, é uma atitude essencial perante a vida.

A ética e os códigos de conduta que ressoam com o estoicismo podem ser encontrados nas mais diversas culturas. Na tradição da filosofia chinesa, paralelos podem ser encontrados no pensamento do *Tao*, no qual os seres humanos são incentivados a seguir as ordens da natureza, em vez de resistir a elas. Muitos consideram a *haka*, dança tradicional do povo indígena maori na Nova Zelândia, como uma expressão do espírito estoico. Na África, a filosofia de vida do povo massai no Quênia e na Tanzânia revela interpretações maravilhosas do pensamento estoico. Há quem argumente que os valores espirituais expressos em franquias de Hollywood como *Star Wars* e *Karate Kid* são estoicos em sua essência, influenciados por muitas origens culturais diferentes. E estou quase certo de que a música e a dança de Taylor Swift são estoicas, em especial por ter tido a sorte de apreciar um show seu da *Eras tour* no Tokyo Dome, realizado com habilidade e determinação espantosas. De fato, o estoicismo é hoje um fenômeno global, como deveria ser, levando-se em conta sua importância central para o modo como vivemos.

No Japão, minha terra natal, o conceito de estoicismo só chegou como uma ideia explícita durante o processo de modernização iniciado com a Restauração Meiji de 1868, que desencadeou uma rápida reestruturação da nação sob domínio imperial. Por essa razão, é relativamente novo. No entanto, se observar a história japonesa, você descobrirá que algo equivalente ao estoicismo sempre esteve presente, de modo que o povo japonês o conhece, de uma forma muito personificada e robusta, há centenas de anos. O confucionismo, que enfatizava a harmonia social, com certeza influenciou a maneira "estoica" com que os japoneses se contêm, especialmente em contextos sociais envolvendo diferentes faixas etárias, ao passo que o conceito de *gaman*, que expressa a ideia de suportar as dificuldades com dignidade, é onipresente na cultura japonesa e descreve várias maneiras de conter as próprias ações e fala, de modo a não ultrapassar o que é socialmente aceito. O *gaman* foi influenciado em parte pelo confucionismo, mas permanece distintamente japonês, sobretudo no contexto do zen-budismo. O *gaman* muito provavelmente se originou das condições de vida originais no Japão, em que as exigências do cultivo de arroz em nossa nação montanhosa significavam a necessidade de encontrar maneiras de coexistir harmoniosamente. Ainda hoje, o *gaman* continua evidente em todos os aspectos da sociedade japonesa. Em geral, uma mãe ensinará isso ao filho, principalmente quando os olhos dos outros estiverem presentes para testemunhar o comportamento da criança. *Gaman* é também o protocolo adotado pela maioria dos funcionários que tendem a trabalhar longas horas sem reclamar. O xintoísmo, religião dos povos originários japoneses, também foi fundamental na formação do caráter japonês, em especial, e no que diz respeito, à pureza e à serenidade da mente enfatizadas na ética samurai.

Eu cresci no Japão, por isso não pude deixar de ser influenciado por esses elementos. Então, lá pelos dez anos, comecei a ler literatura ocidental com bastante afinco, como costuma acontecer com jovens que têm interesses acadêmicos no Japão pós-moderno, e tive meu primeiro contato com os filósofos gregos, incluindo Sócrates. Na adolescência, li também Marco Aurélio e outros escritores estoicos. Se naquela época não me era evidente como esses cânones estoicos se relacionavam com o modo de vida japonês, hoje vejo os paralelos entre as distintas heranças culturais. Por exemplo, será que existe alguma ligação entre a ética samurai do *Bushidō*, que priorizava o serviço ao mestre e à comunidade acima dos interesses pessoais, a ponto de alguém até mesmo sacrificar a própria vida se necessário, e a filosofia de Sócrates, que aceitou a própria morte sem muito alarde? Ou que tal Albert Einstein, que certa vez disse que se deitaria e esperaria a chegada de seu último dia de vida? Seriam Sócrates e Einstein ambos samurais no espírito estoico? Tais considerações, penso eu, são úteis como forma de colocar ideias e pensamentos relacionados ao estoicismo em uma perspectiva histórica e cultural na aldeia global de hoje, para além das fronteiras nacionais.

Existem grandes escritores que são estoicos sem professarem isso de maneira explícita: Liev Tolstói, Marcel Proust, Virginia Woolf, Ernest Hemingway e Kazuo Ishiguro, apenas para citar alguns. Um personagem de Ishiguro, Stevens, o mordomo devotado do romance épico *Os vestígios do dia*, pareceria para muitos o epítome do estoicismo, perseverando com uma "postura impassível". Mas me parece que o estoicismo expresso aqui é multicultural em sua própria natureza. Embora a sociedade e o comportamento humano retratados sejam obviamente britânicos, o autor, tendo imigrado do Japão para o Reino Unido aos cinco anos, trouxe para o romance algo da versão japonesa do estoicismo, mais notavelmente elementos das tradições do zen-budismo e da ética samurai. Quando Stevens se vê dividido entre o desejo de acompanhar os últimos momentos do pai e a obrigação de cumprir seu dever como mordomo em um jantar importante na mansão, ele demonstra uma versão bem japonesa do estoicismo, na qual se é incentivado a conter as próprias emoções, ou *ninjō* (uma palavra japonesa que significa "emoção humana", considerada o princípio de união no Japão), a fim de desempenhar seu papel no grupo. Demonstrar *giri* (outra palavra japonesa, que significa "obrigações") é um alinhamento que fazia parte da cooperação exigida para o cultivo de arroz, mas que também permanece uma forma fundamental de se comportar no Japão de hoje. Foi a genialidade de Ishiguro que lhe permitiu escrever uma história de espírito puramente inglês, mantendo-se o subtexto estoico que, em sua essência, é multicultural.

Talvez o estoicismo seja adaptável às várias culturas e épocas por não ser encarado a partir de uma figura carismática da qual emana todo um princípio. Na verdade, tudo começou como uma negação do *culto à personalidade* (falarei mais sobre isso adiante). Embora certos indivíduos tenham desempenhado um papel central em sua definição, ele nunca se tornou um movimento sob o nome de uma pessoa em particular. O estoicismo é, antes de tudo, uma disciplina coletiva e em aberto, pronta para ser trabalhada e aprimorada por todos. Em outras palavras, tem a ver com todos nós.

O estoicismo tampouco está relacionado a uma tradição específica descrita por um nome próprio específico. Ele se refere às formas genéricas como os seres humanos viveram, vivem atualmente e, com um pouco de sorte, continuarão a viver por muitos séculos vindouros. O estoicismo nos mostra um meio pelo qual o cérebro humano pode lidar com as situações, tornar-se resiliente e até mesmo exibir criatividade em tempos de grande incerteza e dificuldade. E isso nunca foi tão necessário quanto agora.

...

Para dar início à análise do estoicismo no contexto moderno, eu gostaria de oferecer dez afirmações que contribuem para definir o que ele pode representar para nós no mundo moderno. Não são exaustivas nem mutuamente independentes, mas podem ser algo sobre o que ponderar enquanto lê este livro.

1. O estoicismo trata de como otimizar os próprios recursos e esforços ao passar pelas incertezas da vida.
2. O estoicismo é uma forma de dar o seu melhor em quaisquer circunstâncias.
3. O estoicismo é um processo pelo qual se reavalia as próprias emoções para chegar a uma visão positiva e proativa da vida.
4. O estoicismo é manter um equilíbrio do eu, do corpo e da agência pessoal ao interagir em um ambiente complexo e imprevisível.
5. O estoicismo é aceitar as próprias características e traços únicos, fazendo as pazes consigo mesmo e nutrindo o amor-próprio.
6. O estoicismo é libertar-se dos objetivos que não nos representam e caminhar em direção aos verdadeiros desejos do coração.
7. O estoicismo é alinhar a própria vida com as vozes interiores e as leis do mundo.
8. O estoicismo é um jeito de ver as coisas com clareza e conhecer as próprias limitações, mantendo uma sensação de encantamento pelo desconhecido e sonhando com possibilidades futuras.
9. O estoicismo consiste em apreciar e celebrar a diversidade dentro de si mesmo e no universo.
10. O estoicismo consiste em manter a integridade pessoal sob quaisquer circunstâncias, de modo a ver com nitidez os contornos da própria alma.

Quando terminar de ler este livro, espero que essas afirmações façam sentido para você, de maneiras recompensadoras e profundas. Ao mesmo tempo, espero que explorar o caminho estoico o deixe mais bem preparado para os desafios dos dias atuais, com uma perspectiva mais otimista em relação ao futuro.

Ser otimista é ser estoico. E ser otimista é humano.

De fato, ser estoico é humano.

Então comecemos nossa jornada ao coração do estoicismo.

PARTE 1

ESTOICISMO E VIDA COTIDIANA

CAPÍTULO 1

O QUE SIGNIFICA CHAMAR ALGUÉM DE ESTOICO?

Certa vez, em um cruzeiro de luxo, conheci um cavalheiro extraordinário. Eu tinha sido convidado para dar palestras aos presentes. Ao que tudo indicava, aquele cavalheiro, a quem chamo aqui pelo codinome sr. Four Seasons, vinha de um berço muito privilegiado. Sua história era incrível. Ele era do oeste do Japão, e passava onze meses de cada ano no exterior, hospedando-se em lugares como Europa, Austrália, Havaí etc., além de ter casas em diversos lugares. Era uma pessoa gentil e requintada, usava camisa colorida de design elegante, e estava acompanhado por sua igualmente elegante esposa. Aconteceu de eu dividir uma mesa de jantar com o casal. O sr. Four Seasons havia acabado de completar oitenta anos. Não perguntei o que ele costumava fazer da vida. Talvez já tivesse tido alguns trabalhos muito importantes, mas também era aparente que não precisava trabalhar para viver.

Ele me contou que havia feito o cruzeiro de volta ao mundo por dez anos consecutivos. Disse que, quando estava no navio, levantava-se às quatro da manhã todos os dias e ia para a academia correr na esteira. Em um dia bom, ele corria a 15 km/h. Fazia isso duas vezes por dia, duas horas a cada vez. Embora o cruzeiro de luxo oferecesse muitas distrações, o sr. Four Seasons nunca ia ao teatro, como fazia a esposa. Todos os dias, ele ia apenas à academia para correr. Seu sonho era vencer na competição do World Masters Athletics aos cem anos de idade, confessou-me. Também mantinha diários detalhados sobre o cruzeiro e suas outras aventuras pelo mundo, que, na época em que o conheci, já somavam trinta e sete cadernos. Não acredito que ele tenha planos de publicá-los.

A imagem desse cavalheiro extremamente rico correndo por várias horas todos os dias em um cruzeiro de luxo deixou uma impressão vívida e duradoura em mim. Presumivelmente, o sr. Four Seasons tinha os meios para usufruir de quase todos os prazeres que a vida podia oferecer. Todos os anos ele desfrutava de uma viagem em um cruzeiro onde tudo era preparado para ele e a esposa da maneira mais refinada. No entanto, por alguma razão desconhecida, o sr. Four Seasons escolheu para si um modo de vida bastante estoico.

Conheci o sr. e a sra. Four Seasons em meu trajeto de Nova York à Costa Rica. Quando embarquei, o cruzeiro que dava a volta ao mundo já havia percorrido cerca de dois terços da viagem, tendo passado por Yokohama, Kobe, Singapura, Maldivas, África do Sul, Espanha, Alemanha e Reino Unido. Na noite em que o conheci, ele apreciava uma garrafa de vinho tinto: estava celebrando o ponto intermediário da jornada em meio aos seus árduos dias de treinamento, me falou ele. Até o navio chegar a Nova York, não havia bebido uma gota sequer. "Vou me levantar às quatro amanhã e correr", foi seu último comentário, enquanto o gentil casal se retirava para dormir.

Por alguma estranha razão, embora não tenhamos discutido o estoicismo, o sr. Four Seasons me lembrou de Marco Aurélio e de outras pessoas privilegiadas ao longo da história humana, que, em meio à abundância material, escolheram levar uma vida estoica. Para essas pessoas, usar seus recursos com cuidado e direcionar a atenção de forma consciente, combinando isso com prazeres sensoriais bem escolhidos, a exploração do mundo e a prática intensa de exercícios físicos, é o caminho ideal. Há algo essencialmente humano em uma vida vivida dessa maneira. É como se o estoicismo fosse a única forma de dar sentido à existência de alguém neste redemoinho de abundância material que chamamos de universo.

Quando observamos o comportamento humano, um dos traços distintivos da natureza de uma pessoa é como ela se comporta ao se tornar bem-sucedida e/ou famosa. No Japão, onde a experiência de colaborar em situações como a do arrozal nutriu uma cultura de humildade, existe um ditado que diz: "A espiga de arroz baixa a cabeça à medida que amadurece", uma observação do que de fato acontece com o arroz, mas também uma metáfora de como se comportar no sucesso. Tal qual mencionei em meu livro *Nagomi: a filosofia japonesa para viver em paz e harmonia*, o arroz no Japão é considerado um representante de qualidades desejáveis na natureza e nos seres humanos. Infelizmente, nem todas as pessoas são como o arroz. Existem aquelas que permanecem modestas à medida que têm sucesso, elas tendem a ficar bem, com um estilo de vida moderado. Mas há outras que deixam o sucesso subir à cabeça, tornam-se arrogantes, menos respeitosas, extravagantes e levam estilos de vida insustentáveis. No final, pode ser que se vejam em grandes apuros.

Nesse sentido, é interessante observar que o estoico Marco Aurélio reagiu a crescente pompa e às solenidades de sua vida como herdeiro do trono imperial com uma resignação contida. Não se pode dizer que tenha desfrutado de ser o imperador do Império Romano, mas há algo na forma como ele lidava com o prestígio e a fama que simboliza genuinamente o que o estoicismo representa. Sua humildade lhe permitia pensar nas condições comuns a todas as pessoas e refletir sobre problemas humanos universais que ocorrem tanto com o imperador do Império Romano quanto com um escravizado. A humildade é uma das marcas do estoicismo.

De certo modo, cada um de nós enfrenta na vida moderna um desafio semelhante ao do sr. Four Seasons, ainda que não necessariamente em uma escala tão grandiosa quanto a de um cruzeiro de luxo. Cada vez mais, a vida nas nações desenvolvidas é caracterizada por abundância material e informacional a um custo reduzido. No Japão, onde moro, muitos jovens parecem satisfeitos em passar seus dias entre a escola, empregos de meio período (chamados de *arubaito*, um empréstimo do alemão *arbeit*) e lojas de conveniência (chamadas de *konbini* no japonês moderno). De fato, as *konbini* japonesas são mundialmente famosas por oferecerem todo tipo de alimentos, itens do cotidiano, roupas básicas e até eletrônicos. Os jovens no Japão são abençoados com a suficiência material das lojas de conveniência e a abundância informacional das redes sociais e dos videogames.

Mas, à medida que os avanços tecnológicos tornam a vida moderna mais e mais confortável, precisamos de sabedoria para nos conter. Precisamos tolerar desafios e desconfortos de tempos em tempos para manter o equilíbrio entre mente e corpo, tal como fazia o sr. Four Seasons nos cruzeiros de luxo. Nessa busca, os ensinamentos do cânone estoico podem ser úteis. Em meio à fartura, Marco Aurélio foi um pouco como o sr. Four Seasons, contendo-se para não se entregar em excesso aos prazeres disponíveis e certificando-se de que estava fazendo coisas boas para o corpo e a mente.

Então, o que queremos dizer quando chamamos alguém de "estoico"? Se uma pessoa consegue ser humilde, independentemente de sua fortuna, podemos dizer que ela é estoica. Sócrates certamente soube permanecer humilde e reservado, tratando com respeito todos a seu redor. Se alguém sabe se conter em meio ao conforto material e à abundância de informações, ali também reconhecemos um estoico. No mundo moderno, todos podem aspirar a ser estoicos; podemos ter vidas frutíferas como uma espiga de arroz amadurecendo e, ainda assim, nos tornarmos harmoniosos e sustentáveis ao baixar a cabeça. Esse é o caminho estoico, aberto a todos nós.

CAPÍTULO 2

DÁ PARA TER CONTROLE?

Na intrincada e vasta teia da vida moderna, há certas coisas que podemos ter a esperança de controlar, e outras que são simplesmente impossíveis, não importa quanto nos esforcemos. Os grandes estoicos Epicteto e Marco Aurélio escreveram sobre a questão do controle na vida, considerando-a central e crucialmente importante. Epicteto fez da distinção entre controlável (*prohairetico*) e incontrolável (*aprohairetico*) o alicerce de sua filosofia. Marco Aurélio escreveu sobre a futilidade de tentar influenciar o que está fora do nosso controle. Dada a complexidade do Império Romano, teria sido difícil para Marco Aurélio controlar todos os assuntos de estado, mesmo que, como imperador, essa fosse exatamente a descrição de seu cargo. Talvez você pense que a vida se torna mais controlável à medida que alguém sobe na escala social, mas os autores mostram que este princípio do estoicismo se aplica a pessoas de todas as posições sociais, seja um escravizado (Epicteto) ou um imperador (Marco Aurélio).

A dificuldade de controlar as coisas é um problema para todos nós hoje. A ilusão de controle muitas vezes leva ao estresse e ao desequilíbrio, ou desalinho, de comportamento. Por exemplo, quando você ama alguém, pode desejar que seu amor seja correspondido. Mas acreditar que se pode esperar ou, pior ainda, controlar os afetos de outra pessoa a partir de seus próprios esforços, sem o consentimento dela, pode fazer de você um *stalker*. Como pai ou mãe, você pode querer que seu filho cresça e se desenvolva de certas maneiras, e direcionar seus esforços parentais com esse propósito, mas tentar controlá-lo de forma irracional pode acabar resultando em abuso. Se você é torcedor de um time de futebol, é divertido torcer por esse time em uma partida, mas, se tem a ilusão de que seus gritos de torcida podem controlar os resultados, é provável que fique desapontado e infeliz em cerca de cinquenta por cento do tempo.

A vida moderna está cheia de armadilhas nas quais podemos sofrer de uma sensação ilusória de controle. Tentar resolver o que os matemáticos chamam de "problemas malpostos", aqueles sem solução estável devido a uma abordagem inadequada, pode causar estresse, em detrimento de nossa saúde e bem-estar. Sendo assim, alguém até poderia dizer que basta tentar evitar a ilusão de que se pode controlar algo impossível de controlar. Simples. Fim da história.

Bem, não é tão simples assim. Quando começamos a nos aprofundar nessa questão, percebemos que não se deve partir do pressuposto de que é fácil delinear a fronteira entre o controlável e o incontrolável. Além disso, mesmo quando é possível fazer essa distinção, nem sempre é o caso de que os dois possam ser claramente separados.

Antes de mais nada, o estoicismo nos ajuda a fazer uma triagem instruída do que é controlável e do que não é. Você faz o melhor possível com as coisas que pode controlar. Já as que não pode, deixa para os resultados aleatórios ou, como os contemporâneos de Marco Aurélio teriam formulado, para o destino.

O adjetivo *instruído* é essencial aqui. Bebês e crianças pequenas não entendem essa divisão. É por isso que costumam ficar aflitos e chorar com frequência, às vezes por algo impossível de alcançar. De fato, é por meio da experiência da desilusão e da decepção que as crianças finalmente aprendem o que é controlável e o que não é. E, à medida que crescemos e acumulamos conhecimento e habilidades, desenvolvemos nossa capacidade de discernir as coisas. Nós nos tornamos melhores em fazer uma distinção *instruída* entre o que é controlável por natureza e o que não é, embora a fronteira possa ser diferente de pessoa para pessoa. Maturidade significa ser cada vez mais preciso nessa diferenciação, e estoicismo significa conhecer essa diferença.

No Japão, o *gaman*, habilidade de suportar com paciência, se fundamenta em fazer esta distinção: compreender que o comportamento de uma pessoa está sob o controle dela. Tanto é que, especialmente em crianças, o *gaman* é visto como sinal de maturidade. Na vida moderna, à medida que a quantidade de coisas com as quais interagimos se expande, é de suma importância perceber o que está além do nosso controle. Mesmo os adultos, ao lidar com o mundo desconhecido e não familiar da globalização e da inteligência artificial, acham difícil distinguir o controlável do incontrolável.

A boa notícia é que, como seres humanos, o fato de termos um corpo nos dá uma enorme vantagem em fazer essa triagem de controle. No cérebro humano, enxergamos nosso próprio corpo como algo controlável, mas essa é uma habilidade que adquirimos. Quando um bebê nasce, ele não sabe onde seu corpo começa e termina. Ao explorar a si mesmo e o mundo ao redor, ele toca nas coisas e, nesse processo, descobre a fronteira entre o eu e o outro. Quando você toca seu próprio corpo, há sensações simultâneas de tocar e ser tocado, um processo chamado autotoque. Quando toca outra pessoa, há apenas a sensação de tocar. E, ao ser tocado por alguém, há apenas a sensação de ser tocado. Assim, por meio da distinção entre as sensações de tocar, ser tocado e o autotoque, aprendemos a fronteira entre o eu e o outro. Mais tarde, isso formará o alicerce cognitivo para a comunicação. Um exemplo notável é o das cócegas. É bem sabido que não dá para fazer cócegas em si mesmo. No cérebro, a informação sobre suas atividades motoras (fazer cócegas) é enviada para as áreas sensoriais, de modo que, quando faz cócegas em si mesmo, a informação sensorial é anulada. Para sentir cócegas, é preciso que outra pessoa as faça. Além disso, você precisa ter uma relação de proximidade com essa pessoa para sentir cócegas. Caso contrário, não as sentirá de forma alguma. Por exemplo, se um estranho se aproxima e começa a cutucá-lo, será assustador, em vez de provocar cócegas. Portanto a sensação aparentemente simples de sentir cócegas é o resultado de uma complexa série de processamento de informações no cérebro a respeito do corpo, do eu e do outro, e das fronteiras corporais e sociais.

Uma vez que o cérebro compreende a fronteira corporal física, o pressuposto padrão seria o de que a pessoa é capaz de controlar o próprio corpo. De fato, à medida que crescemos e nos desenvolvemos, *nos tornamos* mais capazes de controlar nossos movimentos. Um bebê começa engatinhando, depois fica em pé de maneira desajeitada e, por fim, anda, corre e até dança. Essa é uma conquista incrível dos circuitos cerebrais envolvidos, como os córtex motor, pré-motor e motor suplementar, bem como de outras áreas do cérebro, como os gânglios da base e o cerebelo.

No entanto, como bem sabemos, nem sempre é possível controlar o corpo à vontade. Qualquer um que já tenha tentado se sair bem em natação, tênis, golfe, beisebol ou qualquer outro esporte sabe como às vezes pode ser difícil movê-lo exatamente da forma pretendida. Em outro nível, mais fundamental, algumas de nossas funções corporais permanecem fora de nosso controle consciente. Como os movimentos e as funções intestinais. (Pesquisadores vêm descobrindo cada vez mais sobre a intrincada conectividade funcional entre cérebro e intestino, que funcionam em uma estrutura chamada de eixo intestino-cérebro. Para que o cérebro funcione bem, é preciso ter uma colônia equilibrada de microbiota intestinal; a função do intestino, por sua vez, às vezes depende criticamente do funcionamento equilibrado da mente-cérebro. Então, para ter uma vida cerebral saudável, você precisa de uma vida intestinal saudável, e vice-versa; seu cérebro e seu intestino precisam trabalhar em equipe. Em outras palavras, consciente e inconsciente precisam dançar um tango.)

Nós, humanos, temos uma posição única entre os animais: podemos fabricar e usar diversas ferramentas. A historiadora e filósofa teuto-americana Hannah Arendt e o filósofo francês Henri Bergson enfatizaram a importância de pensarmos nos humanos como *Homo faber* (homem que faz). As ferramentas têm uma importância crucial em nossa vida, e o cérebro as trata como parte integrante de nossa existência humana. Com efeito, medições da atividade cerebral mostraram que, quando usamos ferramentas, nossos circuitos neurais as consideram como extensões do corpo. Por exemplo, quando usamos um ancinho para puxar itens para mais perto, o cérebro o representa como uma extensão do braço e da mão. Quando dirigimos um carro, ele é interpretado pelo cérebro como um corpo expandido, de modo que conseguimos manobrá-lo como se *fosse* nosso próprio corpo (falaremos mais disso no próximo capítulo).

À medida que progredimos na civilização, o corpo expandido se tornou cada vez mais sofisticado. A cena épica do filme *2001: uma odisseia no espaço*, de Stanley Kubrick, na qual um homem primitivo joga no ar um osso que se transforma em uma nave espacial, ilustra lindamente a maneira como nossa extensão corporal se expandiu, ao longo dos anos, de ferramentas simples a maquinário sofisticado, como carros, trens, aviões e até naves espaciais.

Nossa imagem corporal expandida é importante, pois sustenta a sensação que temos de estar no controle. Como seres conscientes com a ilusão de livre-arbítrio, nós nos sentimos responsáveis por nossos atos, e o corpo representa esse domínio de nossa ação direta (exceto por partes incontroláveis, como o intestino). À medida que a imagem corporal é expandida por meio das ferramentas que usamos, a sensação de controle também é ampliada.

Entender até onde vai nosso domínio é a base do modo de vida dos estoicos. Quem não conhece os limites do próprio corpo, e o quanto consegue controlá-lo, não é capaz de discernir o que tem em mãos daquilo que foge ao seu controle. Quando confundimos o que podemos ou não fazer, todo o pensamento estoico se desorganiza.

A metáfora do corpo expandido também pode ser aplicada a ferramentas como telefone celular, tablet ou notebook, e às esferas cibernética e informacional. O corpo expandido é composto não apenas de ferramentas físicas, mas também de sistemas de informação. Hoje, quando usamos a internet, sentimos ter protagonismo sobre as cópias do eu que nos representam em nossas contas de redes sociais como X (antigo Twitter), Instagram e TikTok. Quando divulgamos informações ao mundo por meio dessas mídias, sentimos como se nossas cópias cibernéticas ou informacionais fossem protagonistas virtuais em busca de influenciar coisas muito além de nosso alcance físico. Quando postamos no X, esperamos, talvez, espalhar mensagens ou imagens que nos sejam favoráveis. Se nossa postagem for repostada mil vezes e receber um milhão de curtidas, pode parecer que nossa presença virtual foi engrandecida o mesmo tanto vezes. Mas, como reconhecerá qualquer um que tenha tentado interagir por meio dessas plataformas, é muito difícil controlar os efeitos de nossa produção nas redes sociais. É como andar na corda bamba, na qual uma história comovente encontra-se a um triz de se tornar um "cancelamento" devastador.

Dessa forma, nossa presença nas redes sociais cria uma situação fundamentalmente confusa quando se trata de entender até onde estamos no controle. Quando você lida com seu corpo físico, sabe mais ou menos o que vai acontecer. Quando pega uma maçã, ela vai ficar na sua mão, a menos que a coma ou a jogue fora. O mesmo não acontece com seu eu expandido nas redes sociais. Não há como saber o que vai acontecer. De fato, alguns aconselham evitar por completo as atividades nas redes sociais por medo das incertezas envolvidas, que vão desde provocar ataques de *haters* até sofrer com interpretações equivocadas.

A percepção de nosso eu cibernético e informacional como parte do corpo expandido leva até mesmo adultos maduros de volta às lições que aprenderam quando bebês, na aula de "Introdução ao controle corporal". Bebês aprendem a distinguir o eu corporal do outro por tentativa e erro. O desafio para o humano moderno é aprender onde começa e termina seu corpo expandido e resolver as incertezas envolvidas, compreendendo quais partes estão sob seu controle. Também é interessante notar que os problemas do corpo e de sua capacidade de agir estão interligados à relação entre o eu e os outros. Em outras palavras, a como se comunicar e lidar com as demais pessoas. Aqui, o estilo japonês de buscar uma relação *nagomi* com os outros, por meio de um *éthos* como o *gaman*, oferece um modelo útil.

Muitos textos de estoicos como Sêneca, Epicteto e Marco Aurélio, que se preocupavam com o que podemos controlar, questionam o que se pode esperar de outras pessoas. Autores estoicos afirmam repetidas vezes que é inútil esperar coisas dos outros, quanto mais depender da boa vontade alheia para a própria felicidade. Esse princípio do estoicismo, em particular, se baseia em uma percepção realista das implicações de viver. Por exemplo, se você é gentil com uma pessoa, não há garantia de que será tratado do mesmo jeito. Claro, pode parecer que, ao ser tratado com gentileza, seria ético retribuir também com gentileza, mas o estoicismo não trata da ética sob esse prisma. Ele vai além da ética: é uma maneira de alinhar-se até mesmo com um mundo não ético, sem que para isso, é claro, você tenha que ser antiético. Em suma, o estoicismo diz respeito a viver no mundo como ele é, e não como você gostaria que fosse.

Ao pensar em seus amigos e familiares, você sabe que nem sempre pode contar com respostas consistentes deles a seu favor. Não se pode esperar que as pessoas que estão ao seu redor sejam razoáveis; na verdade, não é razoável esperar que sejam razoáveis. Uma pessoa moral pode esperar que os outros se comportem de maneira ética, porque ela mesma tenta ser ética. Já um estoico não parte dessa suposição. Um estoico não espera que os outros sejam éticos, embora isso certamente seja desejável. Lógico, em um mundo ideal, todos seriam éticos, razoáveis e gentis, mas exigir um mundo ideal tem suas próprias armadilhas filosóficas, como veremos mais adiante.

Então, o primeiro passo para se tornar um estoico é nunca esperar determinado comportamento de quem quer que seja. Assim, você nunca ficará desapontado, porque, para começar, não espera coisas boas dos outros. Se alguém for gentil com você ou mesmo demonstrar amá-lo, é ótimo e gratificante, mas, quando alguém não o trata com gentileza, tudo bem também, porque é assim que as coisas são. Não é sequer uma questão ética. Trata-se de uma compreensão *científica* do que pode ou não ser controlado no mundo ao seu redor. Não importa quão queridas as outras pessoas sejam, não é possível controlá-las: elas não fazem parte do seu corpo nem da sua capacidade de agir. O mundo não é seu corpo, você não pode controlá-lo, e o estoicismo não tem a ver com ética.

Então, em um mundo cada vez mais complexo e incompreensível, como podemos diferenciar coisas controláveis das incontroláveis? Como vimos neste capítulo, uma boa regra geral, profundamente enraizada na neurofisiologia do cérebro, é recorrer à própria imagem corporal. Sempre que estiver lidando com um novo contexto social, ou com uma tecnologia nova, pergunte a si mesmo como se sente quanto a seu corpo. Ele parece intacto, ou perturbado? Como se expande? Quando está em uma equipe, você se sente parte de um corpo único com os demais membros? Quando está usando uma nova ferramenta tecnológica, como as IAs generativas, o que seu corpo sente em relação a isso?

Assim como uma criança recém-nascida explora o próprio corpo em busca da fronteira entre o eu e o outro, e das possibilidades e limites de seu poder de controle, nós, humanos, estamos em um processo constante de atualizar nosso relacionamento com o mundo. Nesse processo, o corpo é expandido, verificado, atualizado, questionado e, em seguida, reavaliado. O estoicismo é uma abordagem incorporada à vida, e dançamos no mundo moderno com esse corpo expandido, ao som da música estoica.

CAPÍTULO 3

ACEITAR AS EMOÇÕES

Os seres humanos são animais sociais. No entanto, é interessante notar que a maioria das coisas incontroláveis para nós são aquelas associadas a outras pessoas. Como os outros pensam e sentem são questões que não podemos controlar. A personalidade delas está mais fora dos limites do que sob nosso controle. Suas habilidades são coisas que não podemos melhorar diretamente, exceto por meio do longo e árduo processo que chamamos de educação.

Nas redes sociais, vemos constantemente pessoas menosprezando e chamando umas às outras de estúpidas. Pode ser o caso de que, na visão de alguém, os demais usuários de redes sociais tenham um calibre intelectual inferior. Entretanto não é estoico esbravejar sobre a estupidez delas. Não há como controlar a estupidez alheia, então isso não ajudará em nada. Não estou dizendo aqui que dar vazão às próprias emoções seja necessariamente ruim. Fazer isso talvez possa servir a algum propósito pessoal ou social. Contudo precisamos contextualizar a forma como nos expressamos para assim tornar nossas emoções robustas, alinhadas ao nosso relacionamento com os demais, e começar a viver uma vida estoica.

Imaginar uma pessoa estoica como alguém desprovido de emoções é uma concepção errônea e bastante popular do estoicismo. Essa ideia pode ter se originado em nossos encontros com pessoas que não entendemos bem, pois é mais fácil retratar um estranho como alguém desprovido de emoções do que se esforçar em busca de um entendimento. Na verdade, ninguém é uma ilha desconectada do continente das emoções. Longe disso. Em *Os vestígios do dia*, de Kazuo Ishiguro, o mordomo Stevens pode parecer um criado sem emoções diante de seu mestre, mas ele se mostra capaz de emoções muito humanas, especialmente em relação à sua colega miss Kenton, em Darlington Hall. Por respeito ao oponente, um japonês lutador de sumô não expressará nenhuma emoção, mesmo que vença em uma luta importante, mas por dentro estará cheio de alegria, evidenciada pelos olhos vermelhos e um eventual derramamento de lágrimas.

Caso leia as *Meditações* de Marco Aurélio, você verá que o imperador, como indivíduo, tinha emoções tremendamente diversificadas sobre si mesmo e aqueles ao seu redor. Na verdade, *é preciso* ser uma pessoa com um amplo e intenso espectro de emoções — com altos e baixos, que se emociona e emociona os demais, que ri e fica séria, que sente alegria e tristeza — se quiser lidar com a vida de maneira robusta e estoica.

Os seres humanos têm uma gama de emoções, algumas positivas, outras negativas. Em resposta a eventos adversos, os circuitos emocionais do cérebro, com a amígdala no centro, geram emoções como raiva, ciúme e ansiedade. E, como bem sabemos, quando essas emoções tomam conta, não há muito que possamos fazer que seja construtivo. De fato, se agirmos com base nessas emoções, o resultado provavelmente será negativo, talvez até devastador.

Muitos autores estoicos escreveram sobre a importância de lidar com as emoções, em especial as mais poderosas, como a raiva. Sêneca analisava a raiva minuciosamente, julgando-a inútil e vã, e chega a dizer que causou mais danos aos humanos do que a peste. É de suma importância percebermos que não há como realmente controlar as emoções que temos, quanto mais suprimi-las. Costuma-se dizer que não devemos ficar com raiva, que a raiva traz apenas consequências desastrosas, tanto para quem se irrita quanto para quem é exposto à fúria. No entanto, dizer: "Você não deve ficar com raiva" não é algo prático, não só devido às implicações sociais ou em vista da neurofisiologia. Às vezes *ficamos* com raiva. As emoções simplesmente acontecem, e tudo o que podemos fazer é interpretá-las e lidar com elas de maneira inteligente e criativa. Então a questão é como segurar a raiva (e segurar a onda). É importante notar aqui que o valor das emoções não é binário — positivo ou negativo. É possível transformar emoções comumente consideradas negativas e, com isso, trazer efeitos positivos na vida, se soubermos interpretá-las e lidar com elas de forma inteligente. A raiva, por exemplo, pode ser transformada em combustível para a mudança.

Portanto a questão não é como suprimir emoções, mas como chegar a uma relação de *nagomi* com elas. Sem dúvida, *nagomi*, o conceito japonês de harmonia e coexistência, é um ótimo princípio a ser aplicado no alinhamento de suas emoções. No caminho de *nagomi*, não negamos, suprimimos nem tentamos aniquilar algo que é potencialmente negativo. Pelo contrário, reconhecemos sua existência e aceitamos o fato de que emoções como raiva e ciúme andam junto a outras mais positivas. Ao alinhar as emoções com valores e aspectos mais amplos, tornamos nossa vida robusta e afirmativa.

Como observei no capítulo anterior, nem sempre somos capazes de distinguir entre o que podemos controlar e o que não podemos; sempre haverá alguma incerteza. E, onde há incerteza, a emoção naturalmente está envolvida, tanto que certas emoções são reações a incertezas na vida. Ficamos com raiva quando, alguém comenta inesperadamente algo desagradável a nosso respeito. Quando essa observação é previsível, ainda podemos nos sentir mal, mas não ficamos tão bravos. A ansiedade também é uma reação típica à incerteza; podemos senti-la, por exemplo, ao assistir a um filme de terror, quando uma música sinistra sugere a aparição iminente de um monstro. O medo é outra reação bastante natural ao desconhecido, sobretudo em situações que podem terminar em morte, a derradeira incerteza.

Um truque estoico para reduzir as emoções negativas e a incerteza é partir do pressuposto de que sua vida vai ser difícil, bem árdua, na verdade, e que você terá de suportar e dar um jeito de superar tudo. Esse pressuposto estoico, caso se confirme, o ajudará a lidar com o que aparecer em seu caminho, porque você estará bem preparado. Se, por outro lado, as coisas não se revelarem tão difíceis quanto imaginou, será possível deleitar-se com o sol inesperado. O pior quadro é antecipar que as coisas serão fáceis e, ao ser pego de surpresa por dificuldades inesperadas, reagir com uma onda incontrolável de emoções negativas como ansiedade e raiva.

Esse *éthos* estoico de partir do pressuposto da dificuldade está enraizado na cultura japonesa. Talvez pela ocorrência frequente de desastres naturais como terremotos, tsunamis e tufões, os japoneses adotaram as atitudes de *gaman* (resistência) e *ganbaru* (empenho) como padrão. Se suas expectativas são baixas, então você pode aproveitar mais o sol. A alegria explosiva que o povo japonês exibe no *hanami* (a contemplação das flores de cerejeira) a cada primavera pode ser explicada, em parte, por tal pressuposto estoico.

O jardim Kōrakuen em Tóquio, construído por Tokugawa Yorifusa, décimo primeiro filho do grande guerreiro samurai e xogum Tokugawa Ieyasu, é um lugar de beleza serena e simples. "Kōraku" significa "prazer mais tarde", e simboliza a filosofia de Tokugawa Ieyasu, cujo governo deu início a um período de paz e estabilidade para o Japão (1603-1868). Um xogum na época de Ieyasu poderia desfrutar de todos os prazeres da vida, se assim o desejasse; Ieyasu, no entanto, é notoriamente conhecido por comparar a vida a "uma longa jornada com um fardo pesado".

Talvez a atitude de Ieyasu perante a vida fosse condicionada pela absoluta falta de previsibilidade na vivência de um guerreiro samurai, na qual o amigo de hoje poderia ser o inimigo de amanhã. Autores estoicos, de Sêneca, Epicteto e Marco Aurélio ao mais moderno Nelson Mandela, abordaram a questão da imprevisibilidade. Sem dúvida, uma das coisas mais difíceis que poderíamos enfrentar psicologicamente na prisão seria a incerteza de nosso destino. Mandela não sabia por quanto tempo ficaria preso. Um mecanismo de enfrentamento que ele usou foi tratar a situação como uma oportunidade de aprendizado. Mandela disse: "É próprio do crescimento que aprendamos tanto com as experiências agradáveis quanto com as desagradáveis. De fato, se conseguirmos encarar a prisão com o espírito de aprendizado e crescimento pessoal, é possível superar as extremas incertezas envolvidas". O estoicismo é uma atitude. Ao encarar as incertezas, não importa o que aconteça, podemos aprender e crescer como pessoas.

Sócrates, o pai do pensamento estoico, também nos mostrou como lidar com o previsível e o imprevisível na vida. Com efeito, a própria ideia do método socrático se fundamenta no pressuposto de uma conversa aberta, sem nenhum objetivo fixo ou conjunto de respostas corretas, o que leva inevitavelmente a conclusões imprevisíveis. Se nos apegarmos a um certo conjunto de ideias, podemos obter estabilidade, mas não aprendizado ou crescimento espiritual. Não é de espantar que a atitude estoica de Sócrates fosse perturbadora para algumas pessoas na sociedade. Ainda hoje, vemos aqueles que questionam o *statu quo* se envolvendo em controvérsias e sendo atacados. Uma atitude aberta pode abrir uma caixa de Pandora de incertezas, mas uma da qual de fato precisamos para nosso crescimento espiritual.

Para entender como podemos encarar as emoções de maneira apropriada, precisamos observar a reação do cérebro às incertezas que encontramos na vida. Neurocientistas às vezes comparam o cérebro a uma máquina do tempo. Nossas memórias preservam algo de nossas experiências e efetivamente nos levam de volta ao passado. Como, de um ponto de vista evolutivo, nos adaptamos e nos tornamos capazes de olhar para o futuro (por razões óbvias: afastar possíveis ameaças), o cérebro, nossa máquina do tempo, efetivamente tenta viajar para o futuro ao executar um modelo interno que prevê o que vai acontecer, a partir do que tem armazenado de memórias do passado. Aproveitando-se das regularidades em eventos passados, ele faz uma suposição a partir dessas informações. Os circuitos neurais para prever o futuro e aqueles para lembrar o passado estão situados próximos um do outro na rede cerebral e funcionam em estreita colaboração. É por isso que às vezes temos a sensação estranha de já ter vivido o momento presente e o futuro imediato. Como o cérebro tenta recuperar informações relevantes sobre o que vai acontecer na situação atual, previsão e recordação podem se misturar, proporcionando ao indivíduo a experiência ocasional, mas vívida, de um déjà vu.

É claro que, em geral, é impossível prever o futuro, em parte devido ao fato de que o mundo está sujeito ao caos dinâmico que mencionei na introdução (ver p. 16). E, no entanto, mesmo sabendo disso, o cérebro ainda tenta aumentar a precisão, fazendo uma inferência estatística com base em eventos passados.

Nesse sentido, o cérebro funciona um pouco como um sistema de IA generativa. O ChatGPT da OpenAI, que se tornou viral em 2023, é um exemplo de máquina preditiva com base em aprendizado estatístico. Ao estudar um enorme banco de dados com produções humanas, o ChatGPT consegue fazer previsões para o próximo bloco de palavras a partir de uma instrução inicial (os chamados *prompts*). Esse modelo de IA é conhecido como previsão do próximo token (nesse contexto, tokens são unidades informacionais representadas por palavras e frases).

Desnecessário dizer que nossa função cerebral é capaz de fazer muito mais do que um sistema de IA generativa. De fato, embora os resultados do ChatGPT e de outros Modelos de Linguagem de Grande Escala (*Large Language Models*, LLMS), ou de IAs generativas em geral, sejam impressionantes, todos eles carecem de algo único e característico da linguagem humana real. Os resultados dos LLMS são, de certa forma, médias áureas estatísticas com base em um grande volume de dados; e, assim, fornecem uma representação razoável do que os humanos em geral diriam ou escreveriam em linguagem natural. A produção humana da linguagem, no entanto, é marcada por uma imprevisibilidade fundamental. Há uma borboleta nos circuitos neurais dos seres humanos. Quando falamos, às vezes a borboleta bate asas de maneiras inesperadas, surpreendendo não apenas o ouvinte, mas também o enunciador. Processos inconscientes também desempenham seu papel, de modo que, no caso do famoso "ato falho" de Freud, as pessoas dizem coisas socialmente perturbadoras que acabam por revelar algumas verdades profundas do inconsciente.

Geoffrey Hinton, considerado por muitos o "Pai da Inteligência Artificial" por sua pesquisa pioneira em aprendizagem profunda, certa vez comparou as IAs a uma borboleta. Em março de 2023, ele postou: "As lagartas extraem nutrientes que depois se transformam em borboletas. As pessoas extraíram bilhões de fragmentos de conhecimento, e o GPT-4 é a borboleta da humanidade". Um comentário em resposta comparou Hinton ao Bob Dylan da IA. Talvez ele seja.[1]

A linguagem poética de Hinton pode deixar uma impressão duradoura, mas é discutível se as IAs generativas, como existem hoje, têm a mesma capacidade. Pode não haver imprevisibilidade interessante o suficiente em seus resultados. Talvez seja por isso que as pessoas às vezes sentem que os resultados delas tendem a ser insossos, carentes daquela centelha de individualidade. Conforme tentamos projetar IAs capazes de criatividade, essa ausência de imprevisibilidade interessante, ou de borboletas, pode se tornar uma questão essencial.

Como descreveu o matemático e ensaísta líbano-americano Nassim Nicholas Taleb, em seu livro *A lógica do cisne negro*, existem certos eventos mundiais que nem mesmo especialistas conseguem prever. O *crash* do mercado de ações, em 1987, foi um deles. Os ataques de 11 de setembro ao World

---

1 Em 2024, Hinton recebeu o Prêmio Nobel de Física, e não o de Literatura, por seu trabalho pioneiro em aprendizagem profunda.

Trade Center, em 2001, foram outro. O surto de covid-19, no início de 2020, é o exemplo desconcertante mais recente. O termo "cisne negro" vem da descoberta inesperada de cisnes pretos na Austrália, em 1697, e passou a simbolizar eventos que ocorrem de maneira inesperada e sem mais nem menos. Os europeus ficaram tão impressionados ao descobrir que nem todos os cisnes eram brancos que batizaram o local da descoberta de rio Swan.

Enquanto tenta prever o futuro mergulhando no passado, fazendo sua própria previsão do próximo token, o cérebro precisa lidar com a natureza incerta do mundo real que nos cerca. Felizmente, temos circuitos cerebrais ajustados para lidar com o inesperado. Os circuitos emocionais centrados na amígdala reagem depressa a eventos surpreendentes, condicionando o neocórtex — que, em geral, conduz análises detalhadas com mais lentidão — a tratar informações inesperadas de maneira rápida e eficaz. Além disso, a amígdala envia um sinal para o hipocampo, seu vizinho e centro da memória, para que o processamento das informações recebidas possa ter prioridade. Eventos emocionalmente relevantes são, portanto, processados com um peso especial no cérebro. Isso explica o fato de as pessoas se lembrarem vividamente de onde estavam quando ouviram pela primeira vez sobre os ataques de 11 de setembro, mas não se recordarem com igual clareza do que aconteceu um dia antes, em 10 de setembro de 2001.

É reconfortante saber que, pela natureza do cérebro humano, estamos mentalmente preparados para lidar com o inesperado. No córtex pré-frontal, região do cérebro responsável por atenção, memória de trabalho, julgamento e escolha, existem redes de circuitos especialmente ajustados para lidar com estímulos novos. O córtex cingulado anterior (CCA), centro de alarme do cérebro, é ativado quando algo inesperado acontece. O sinal é então retransmitido para o córtex pré-frontal dorsolateral (CPFDL), que é o centro executivo do cérebro. O CCA dispara o alarme de que algo que requer atenção está acontecendo: o CPFDL então recruta os vários circuitos do cérebro para processar e analisar as informações recebidas, fazendo os julgamentos apropriados e agindo, se necessário.

Ao seguirmos com nossa vida, não há como escapar da incerteza. Pelo contrário, precisamos dela para prosperar, por mais paradoxal que pareça. Por certo, uma marca distintiva da humanidade é que somos uma espécie dotada de espírito aventureiro. Em vez de paralisarmos diante do desconhecido, sentimos a necessidade de explorar o grande e o pequeno, o perto e o longe, buscando continentes desconhecidos, interagindo com estranhos, indo à Lua e até sonhando em um dia nos tornar marcianos. Segundo alguns filmes de Hollywood, isso já está acontecendo.

Emoções são reações naturais às incertezas, por isso precisamos dar a elas as boas-vindas ou, ao menos, acolhê-las. As emoções nos ajudam a encarar as incertezas da vida de maneiras criativas e proativas, para que possamos desbravar territórios inexplorados e avançar no oceano azul de oportunidades. O fato de nós, seres humanos, termos uma vastidão de emoções — como esperança, coragem, alegria, expectativa, ansiedade, medo, tristeza, decepção etc. — significa que temos muitas maneiras diferentes de configurar os circuitos cerebrais de cognição e de ação. Sendo assim, ao contrário do equívoco popular de que um estoico é desprovido de emoções, é bastante estoico vivenciar um rico repertório de emoções ao lidarmos com as diversas situações da vida, algumas das quais árduas e difíceis. As emoções são um mecanismo e uma estratégia de enfrentamento de um estoico.

É importante perceber que as emoções humanas são, em última análise, privadas e, portanto, definem a individualidade única de uma pessoa em uma era na qual tendemos a ser tratados como dados. Nesta era digital, o pressuposto padrão é de que as informações podem ser compartilhadas e analisadas em rede, mas isso nem sempre acontece com as emoções, devido à sua própria natureza. Nesse sentido, as emoções diferem das informações mais comuns. Por exemplo, solidão é algo que, por definição, não pode ser compartilhado, justamente porque o solitário está por conta própria. Mais ainda: a solidão que podemos sentir ao perceber que nossa vida está chegando ao fim também não pode ser compartilhada, ainda que este seja um destino que chegará para todos nós.

Em um poema *waka* japonês do famoso poeta medieval Ariwara no Narihira, o canto do cisne que aparece bem ao final de sua obra-prima *Os contos de Ise* (伊勢物語, *Ise Monogatari*), que contém cerca de 200 poemas *waka* brilhantemente elaborados, descreve de forma muito bonita esse sentimento:

Eu sabia que era um caminho que um dia percorreria,
mas não imaginei que seria hoje ou amanhã.

Algumas centenas de anos depois, o último haicai do mestre Matsuo Bashō dizia:

Doente em uma jornada, em meu sonho saí cambaleando, por campos ressequidos.

Nossos sentimentos podem desencadear essas observações comoventes sobre a vida, sem as quais a breve existência de uma pessoa na terra seria muito mais pobre. É somente com a ajuda das emoções que podemos apreciar e saborear a vida em sua plenitude. Para um estoico, portanto, não há razão para que sejam suprimidas e evitadas. Estar em constante turbulência no grande oceano das emoções é uma forma difícil de existir, mas para nós, humanos, não há outra opção.

CAPÍTULO 4

O DESAFIO DA INTERPRETAÇÃO

Ao ler *Meditações*, de Marco Aurélio, ficamos com a sensação de que ele tentava sempre interpretar a própria vida de maneiras positivas, robustas e proativas. Como imperador romano, ele deve ter vivenciado diversos dramas, alguns deles bastante desconcertantes e angustiantes. Durante seu reinado (161–180 d.C.), Marco Aurélio lutou na guerra romano-parta e nas guerras marcomanas, no mesmo período em que os povos germânicos começavam a exercer influência nas fronteiras do Império Romano. Como imperador nos últimos tempos da *Pax Romana*, Marco Aurélio deve ter constatado muitos sintomas perturbadores do império em decadência. Mesmo assim, seguiu em frente, ainda que presumivelmente afetado de vez em quando por questões pessoais, sem mencionar o surto da peste antonina, responsável por ceifar a vida de Lúcio Vero, que reinava ao seu lado como coimperador romano.

Uma das inspirações que um leitor moderno pode extrair de *Meditações* é a da interpretação positiva. Com efeito, a capacidade de interpretar um fato objetivo é uma ação criativa e afirmativa com potencial de enriquecer muito a vida de um estoico. Dada uma situação, há sempre mais de uma maneira de interpretar determinado fato. Por exemplo, pode-se dizer que o copo está meio vazio ou que ainda resta metade da água. Podemos lamentar ter envelhecido ou dizer que hoje estamos mais jovens do que em todos os dias de vida que nos restam, não importa nossa idade atual, quão envelhecidos nos sentimos ou, talvez, o mais importante para muitos, a idade que as pessoas ao nosso redor nos atribuem. Quando cometemos um erro, podemos lamentá-lo como um fracasso ou receber o ocorrido como uma valiosa oportunidade de aprendizado. Tirar nota dez é ótimo, mas também pode significar que não há espaço para mais melhorias. Então, da próxima vez que tirar uma nota baixa, digamos, um três de dez, você talvez possa sorrir e dizer que há espaço para um crescimento enorme. Quando as pessoas ao seu redor não o valorizam, é natural ficar desapontado; por outro lado, é possível encarar isso como um sinal de que você é bastante único...

Na verdade, ser único é uma enorme vantagem nos tempos atuais, com IAs que podem processar estatísticas de um imenso banco de dados de comportamento humano e fornecer a média áurea ideal com a mesma facilidade da água que flui de uma torneira. Ser um aluno modelo na escola costumava ser a chave para uma carreira de sucesso; hoje em dia, um aluno modelo corre o risco de se tornar uma *commodity*, competindo em uma batalha perdida contra a IA. Hoje, ser um dissidente, um ponto fora da curva e distante das massas, tem potencial de ser mais recompensador, embora possa exigir um pouco de sabedoria para ir levando (com uma pequena ajuda do estoicismo). Em situações assim, a maneira estoica de interpretar a vida pode ser um divisor de águas, transformando um traço pessoal medíocre em uma qualidade de destaque. De fato, nos próximos anos, talvez precisemos do estoicismo para transformar cada pedra de singularidade pessoal em ouro.

A capacidade de reinterpretar ou reavaliar o *statu quo* certamente nos ajuda a seguir pela vida com uma perspectiva positiva e proativa. Um acontecimento, dependendo de nossa interpretação, pode ser uma comédia, uma tragédia, ou ambas. Esse talvez tenha sido o problema enfrentado por Romeu e Julieta. Se os pais dos jovens amantes tivessem tido a sabedoria de olhar para as decisões de seus filhos a partir de uma perspectiva estoica, e interpretado a situação deles de forma positiva — por exemplo, enxergando o romance como uma oportunidade para superar a divisão entre as duas famílias —, o casal poderia ter vivido feliz até o fim de seus dias, com juras de amor tal como na canção "When I'm Sixty-Four", dos Beatles. Talvez eles devessem ter lido *Meditações*.

Interpretar circunstâncias adversas de forma positiva pode suscitar robustez e criatividade na vida. Os animes japoneses são hoje destaque internacional, mas sua origem esteve longe de contar com o vento a favor. Em comparação com os concorrentes da Disney, os animadores que trabalhavam nos primórdios do anime japonês não tinham recursos monetários nem mão de obra suficiente. Tanto é que precisavam trabalhar com menos quadros por segundo devido ao orçamento limitado. Contudo, sua engenhosidade diante dessa restrição resultou nas expressões artisticamente únicas do gênero (e ao reconhecimento mundial da palavra japonesa *anime* como uma marca, derivada do encurtamento da palavra inglesa *animation*). E tudo isso se originou por meio de um espírito estoico.

A Nintendo, empresa japonesa universalmente conhecida por videogames com personagens como os Super Mario Bros., começou fabricando e criando cartas de baralho tradicionais japonesas, as *hanafuda* (literalmente cartas de flores); depois, passou a produzir cartas de baralho ocidentais com personagens da Disney. Ao deparar-se com pouco espaço para crescimento nesse mercado específico, Hiroshi Yamauchi, o terceiro presidente da Nintendo, tomou a decisão de transformar a empresa em uma franquia de jogos eletrônicos, e o resto é história. Reverter o quadro dramático de restrições que cercavam a corporação foi a manifestação de um espírito verdadeiramente estoico. Até mesmo o nome da empresa, Nintendo, que significa deixar que os céus decidam a sua sorte, está alinhado à filosofia estoica.

Como podemos ver, a forma como uma pessoa reage aos acontecimentos da vida é um tema central do estoicismo. No mundo moderno, como já discutimos, os resultados nunca são certos. De fato, a incerteza é a única certeza que temos todos os dias. Na era em que vivemos, a inteligência artificial tem tornado cada vez mais intratáveis as situações que cercam nossa vida, empregos e estrutura social, ao passo que a globalização econômica e cultural significa que tudo está cada vez mais conectado, de modo que não podemos mais recorrer ao conforto de nossos ambientes locais. Interpretar o que nos acontece tornou-se um trabalho árduo e multifacetado para cada um de nós.

Felizmente, assim como em nossa resposta à surpresa, o cérebro está, mais uma vez, configurado para nos ajudar a sobreviver. A reavaliação cognitiva é uma função cerebral maravilhosa, que envolve o córtex pré-frontal e outras áreas do cérebro para reinterpretar o que acontece conosco. Ao processar uma versão narrativa diferente de um evento marcante no córtex pré-frontal, podemos reduzir as emoções negativas e diminuir a atividade no centro responsável por elas, a amígdala. Mas como exatamente podemos fazer isso? Por exemplo, quando alguém diz coisas negativas a nosso respeito, em vez de levar para o lado pessoal, podemos considerar as circunstâncias que induziram o interlocutor a tal atitude; digamos, o próprio sentimento de insegurança dele ou dela. Em uma discussão acalorada, em vez de focar as emoções negativas provocadas, poderíamos, talvez, considerar os benefícios da troca de ideias que, depois de um tempo, facilitariam a chegada a um desfecho aceitável. A reavaliação cognitiva, assim executada pelo córtex pré-frontal, nos ajuda a otimizar as emoções, alinhando nossas reações afetivas com nossas melhores práticas enquanto seres humanos.

O desafio da interpretação se aplica não apenas a eventos externos, mas também às próprias emoções, e aqui, mais uma vez, Marco Aurélio nos mostra o caminho. Conforme viramos as páginas de *Meditações*, fica claro que o imperador estoico não era uma pessoa desprovida de emoções, nem alguém que as suprimia. Pelo contrário, ele sabia interpretá-las. E Marco Aurélio, de fato, era um mestre em interpretar as emoções causadas por eventos adversos da vida. Se, como argumentei no capítulo anterior, as emoções são reações naturais às incertezas da vida que precisamos acolher e acomodar, o estoicismo é um processo de interpretação dinâmica dos incidentes, das próprias emoções e até mesmo dos prazeres sensoriais que surgem no caminho.

Há inúmeros casos na vida em que a interpretação pode transformar uma emoção negativa em uma perspectiva proativa. Por exemplo, você pode sentir inveja quando alguém se torna bem-sucedido. Pode até ser dominado por esse sentimento a ponto de criticar a outra pessoa ou falar que o sucesso dela não tem valor. É o famoso rancor das "uvas verdes" da fábula *A raposa e as uvas*, de Esopo. Quando dominado por esse ressentimento, você não consegue ver as coisas com clareza. Não é capaz de fazer julgamentos imparciais sobre si mesmo nem sobre os outros, e a vida em geral vai por água abaixo.

Quando você enxerga os efeitos tóxicos da inveja, seu instinto pode ser o de suprimi-la ou de evitar totalmente fazer comparações. Mas, se souber aplicar a reavaliação cognitiva, não precisará necessariamente suprimir essa emoção. Em vez disso, quando sentir inveja, poderá interpretá-la como uma chance de perceber algo que, em segredo, esperava alcançar para si mesmo. Sua versão pode não ser a cópia exata do que a pessoa de quem você tem inveja alcançou; pode ser apenas algo parecido, em termos de consequência social ou do tipo de habilidade envolvida. Mas uma vez que percebe ali um elemento que gostaria de alcançar para si mesmo, você será capaz de começar a fazer esforços diretos e honestos para atingir esse objetivo, em vez de ser consumido pela inveja, chamando as uvas de verdes e desmerecendo a pessoa bem-sucedida.

Além disso, se essa pessoa bem-sucedida for alguém próximo, você pode fazer a seguinte análise. Claro, vivenciar o glamour do sucesso de perto pode ocasionar um sentimento de inferioridade quando se faz comparativos. Por outro lado, um sucesso próximo à sua rede social pode significar mais oportunidades para você. A pessoa bem-sucedida pode lhe garantir alguns contatos importantes. Você pode aprender de perto a mentalidade, os padrões de conduta e os modos de vida que se correlacionam com o sucesso. As chances de ser convidado para uma refeição luxuosa, participar de uma festa com pessoas influentes, receber presentes preciosos e entrar em contato com fontes de informações valiosas são bem maiores. Assim, não há nada a perder e tudo a ganhar quando alguém próximo se torna bem-sucedido. Caso consiga superar a inveja — que, sejamos francos, é uma espécie de reação de pânico —, é provável que você se sinta bem contente, em vez de chateado.

Vale ressaltar que a reavaliação das emoções que estou discutindo aqui é uma forma de manter nossa integridade pessoal. Quando sente inveja, a pessoa fica um tanto chateada e, por um momento, se torna alguém que na realidade não é. De uma perspectiva estoica, o problema de emoções como medo, ansiedade, raiva e malícia é a ruptura da integridade pessoal. A grande missão do córtex pré-frontal humano é nos ajudar a encontrar o caminho de volta a quem realmente somos, sem suprimir emoções negativas, mas otimizando nossos juízos cognitivos, trazendo sentido para o que aconteceu e está acontecendo, e por fim proporcionando um alinhamento com o eu melhor que éramos antes de tudo. De fato, pode-se dizer que o córtex pré-frontal é onde o estoicismo reside.

Não são apenas as emoções negativas que podem nos desviar do curso. Há muitas evidências anedóticas de que, quando experimentamos emoções positivas como prazer, alegria, curiosidade, satisfação, um senso de admiração e até reverência, a coisa pode desandar. São frequentes os casos de pessoas que brigam, entram em embates, têm discussões, divergem e até se separam no auge de suas conquistas, ou em momentos de felicidade e alegria. Por exemplo, vangloriar-se das próprias conquistas pode afastar até mesmo aqueles que nos são próximos. Esse fenômeno bastante contraintuitivo faz sentido quando percebemos que as pessoas tendem igualmente a perder sua integridade pessoal ao experimentar emoções muito positivas. Elas se esquecem de si mesmas, deixam de lado o devido respeito aos demais e podem passar por um lapso de egoísmo. Perder a integridade pessoal pode transformar um momento de celebração em um pesadelo terrível.

O estoicismo nos ajuda a manter a integridade pessoal e ver com clareza os contornos de nossa alma.

A filosofia de vida tradicional japonesa, *ikigai*, é de grande ajuda quando se trata de manter a integridade pessoal intacta. *Ikigai* significa "razão de viver". No contexto do estoicismo, essa filosofia proporciona a sensação de que o que estamos fazendo se alinha com a percepção que temos de nós mesmos e como queremos nos relacionar com os demais e com a sociedade de modo geral. No cérebro, a ínsula — área envolvida no processamento relacionado a emoções, sensações corporais, autoconsciência, relacionamentos interpessoais e recompensa — é provavelmente uma das áreas centrais para o *ikigai*.

É importante destacar que o *ikigai* não é um daqueles objetivos que não nos representam, mas que costumam exercer grande influência sobre o homem moderno. (Veja bem, um objetivo que não nos representa não é algo inerente e central à nossa vida, mas aquilo que podemos ter estabelecido como um propósito provisório e prático, um objetivo imposto pelas expectativas da sociedade. Por exemplo, muitas pessoas equiparam sucesso a dinheiro. Embora dinheiro seja ótimo de um ponto de vista prático, não é o objetivo final ou mais essencial da vida. É bastante concebível que alguém tenha muito dinheiro e ainda assim se sinta absurdamente infeliz. O mesmo vale para o sucesso. É maravilhoso quando nos tornamos bem-sucedidos no trabalho. Mas esse sucesso pode trazer turbulência e desalinhamento, corroendo até mesmo nosso precioso eu interior. Muitos se esforçam para alcançar status social, mas, ao chegarem lá, descobrem que não há pote de ouro no fim do arco-íris.) Na vida, há muitos objetivos que não nos representam, como dinheiro, sucesso, status e fama, mas alcançá-los não significa necessariamente que seremos felizes. Mais do que isso, tentar alcançar objetivos que não nos representam pode destruir nossa integridade pessoal e alterar o formato da nossa alma. Durante a leitura de *Meditações*, fica claro que Marco Aurélio tem plena consciência da futilidade dos objetivos que não nos representam e dos perigos de romper com nossa integridade pessoal, embora não use essas mesmas palavras.

O *ikigai* é útil porque é autorreferencial; sua própria "razão de viver". Não é um objetivo que você persegue como meio de enriquecer na vida; *ikigai é* a sua vida. Partindo dessa perspectiva, pode ser algo pequeno, como tomar um café pela manhã, ou grande, como uma conquista importante que gostaria de alcançar na carreira. Eu, pessoalmente, tenho *ikigai* pequenos e grandes. Meu pequeno *ikigai* tem a ver com uma pequena criatura. Moro em Tóquio, no Japão, e, quando saio para uma corrida matinal, meu coração começa a dançar e sinto uma grande alegria sempre que vejo uma borboleta voando no parque. Esse "momento borboleta" (em oposição ao "efeito borboleta" da teoria do caos!) é relevante para mim como pessoa, pois eu costumava estudar borboletas quando criança. Agora, sei que muitos não se importam com elas. Muitos sequer conseguem distingui-las de uma mariposa (você consegue?), mas está tudo bem, porque cada um pode ter um *ikigai* à sua própria maneira.

Meu grande *ikigai* é entender como a consciência surge a partir das atividades cerebrais. Quando eu tinha trinta e um anos, viajando de trem em Tóquio, percebi que minha experiência consciente é composta de qualidades sensoriais, ou *qualia*. Desde então, tentar entender o enigma da consciência tem sido meu maior *ikigai*, embora sem sucesso até aqui.

Ter um espectro de *ikigai*, do pequeno ao grande, do privado ao público, ou de borboletas a *qualia* no meu caso, nos ajuda a manter a integridade. E no mundo em que vivemos, interpretar de maneira positiva os acontecimentos, reavaliar nossas emoções e manter nossa integridade pessoal se tornará cada vez mais importante à medida que atravessamos um tempo de grandes mudanças sociais.

CAPÍTULO 5

ACEITAR A PRÓPRIA SINGULARIDADE

Um dos princípios-chave do estoicismo é aceitar a si mesmo. Isso não significa necessariamente resignação, submissão, fatalismo ou desistir da esperança de melhorar a própria vida. Na verdade, reconhecer e aceitar as próprias peculiaridades é um processo ativo, no qual podemos ser dinâmicos e criativos. E o mais importante: podemos até mudar para a melhor nesse processo. A aceitação está longe de fazer alguém ficar estagnado no *statu quo*.

Marco Aurélio escreve repetidas vezes sobre autocompreensão e autoaceitação em *Meditações*. Sócrates, o pai da tradição estoica, em seus diálogos socráticos, também enfatiza a importância da máxima filosófica "conhece-te a ti mesmo", originalmente uma inscrição no Templo de Apolo na Grécia Antiga. Podemos dizer que Sócrates se dedicou a conhecer a si mesmo até o último dia de sua vida.

No ambiente cultural de hoje, em que é politicamente correto enfatizar a importância da DEI (diversidade, equidade e inclusão), aceitar o que faz de você um ser único soa quase como um clichê, dificilmente digno de um estudo cuidadoso. No entanto, o fato de sermos indivíduos diferentes e únicos é uma das verdades mais negligenciadas da vida. Várias vezes falhamos em perceber quanto as pessoas são distintas em sua configuração de mente e corpo. Existem, literalmente, milhões de condições possíveis em milhões de pessoas, e cada uma delas é otimizada e desafiada de forma única a perseguir vários objetivos. Para entender esse conceito, basta atentar-se ao popular entretenimento e passatempo de nossa era: o esporte.

O esporte é uma plataforma perfeita para ver o estoicismo em ação. Não há dúvida de que muitos atletas profissionais, de futebolistas a jogadores de beisebol, corredores a nadadores, são conhecidos por sua filosofia e comportamento estoicos; e, por certo, a percepção popular é de que precisamos ter a capacidade estoica de superar o desconforto para atingir um alto nível de excelência. Eu até concordaria, mas de uma perspectiva estoica diferente: para se destacar, você precisa empregar com eficiência sua mente e corpo de maneira que se alinhem com o que lhe foi dado. O estoicismo, neste contexto, está no alinhamento entre o desempenho ideal exigido e as condições únicas da mente e do corpo de cada um.

Vamos dar uma olhada nas Olimpíadas. Foram realizadas pela primeira vez na Grécia Antiga, de 776 a.C. a 393 d.C., abrangendo um período de mais de 1.100 anos. Durante esse tempo, os atletas competiam em muitas categorias esportivas, que incluíam corrida, combate, lançamento de disco, lançamento de dardo, salto em distância, corrida de cavalos e de bigas. As conhecidas imagens de atletas competindo nesses jogos, representadas por antigas estátuas e pinturas gregas, evocam a ideia de um corpo perfeito. De fato, nas Olimpíadas modernas (os jogos foram revividos em 1896, sendo os Jogos Olímpicos de Paris em 2024 a vigésima oitava edição desde o renascimento), a competição de pentatlo ainda mantém esse ideal de corpo atlético que se destaca em todas as modalidades. Talvez tenha se tornado nossa suposição padrão, como se houvesse uma versão esportiva do homem renascentista. Contudo, nada poderia estar mais longe da verdade.

Um dos aspectos únicos das Olimpíadas é a convenção de todos os atletas participantes hospedarem-se em uma única Vila Olímpica. Em outras competições internacionais, os atletas apenas se deslocam para o local do evento, hospedando-se em seus próprios hotéis. Muitos deles são ricos, graças ao apoio de patrocínios lucrativos, e ficam em suítes de hotéis de luxo com uma equipe dedicada acompanhando-os a cada passo. Em contraste, as acomodações na Vila Olímpica são bastante humildes e discretas, embora certamente mais do que adequadas. Todos compartilham do mesmo tipo de quarto, cama e alimentação. Mesmo que seja um tenista profissional de alto nível ou um jogador de beisebol da liga principal, você é tratado em pé de igualdade com atletas de competições menos badaladas. Na Vila Olímpica, todo atleta está no mesmo barco, graças à ideologia estoica do idealista e louvável movimento olímpico.

É apropriado que a Vila Olímpica tenha uma perspectiva estoica, considerando-se o fato de que os jogos olímpicos compartilham a mesma origem grega antiga da escola de pensamento estoica fundada por Zenão de Cítio. Dada a linha do tempo das Olimpíadas antigas e a vida de Sócrates (470–399 a.C.), é bem possível que o filósofo grego estivesse familiarizado com o festival esportivo realizado a cada quatro anos. Embora não saibamos se Marco Aurélio alguma vez competiu nas Olimpíadas antigas, ele demonstrou interesse e treinou em esportes como boxe e luta livre, e sabemos que Nero, outro imperador romano, foi premiado com medalhas nos jogos. É apropriado, portanto, associar as Olimpíadas antigas ao estoicismo.

Mas a natureza estoica da Vila Olímpica é ainda mais profunda, segundo um amigo meu, o corredor japonês Dai Tamesue, que competiu nas Olimpíadas, e ganhou duas vezes a medalha de bronze no Campeonato Mundial de Atletismo. De longe, a coisa mais impressionante em ver todos reunidos na Vila Olímpica, diz Tamesue, é o fato de que fica óbvio que há todo tipo de pessoa competindo como atleta, com todo tipo de configuração corporal. As estátuas gregas dos primeiros atletas olímpicos podem sugerir que é necessário um corpo perfeito para cada modalidade, mas isso está muito longe da realidade. Na verdade, as características físicas ideais para um atleta parecem ser bastante distintas, e dependem da natureza da competição. Aliás, é discutível se alguma vez existiu uma única forma convergente de corpo humano "ideal". Um corredor de curta distância tem a aparência diferente da de um corredor de longa distância. Um excelente lançador de dardo terá uma configuração diferente, digamos, de um jogador de basquete ou de um nadador. Um levantador de peso pode compartilhar algumas características físicas com um campeão de judô, mas há diferenças sutis e importantes que fazem toda a diferença nas competições de mais alto nível. É maravilhoso, diz Tamesue, que na Vila Olímpica se veja uma verdadeira celebração da diversidade de formas humanas.

O próprio Tamesue tem uma história pessoal tão dolorosa quanto gloriosa, que ilustra não só as diferentes engrenagens físicas necessárias para distintas competições, mas também o estoicismo de abraçar as próprias condições pessoais e únicas. Quando era mais jovem, Tamesue costumava competir nos 100 metros. No início da adolescência, seu recorde estava melhorando a ponto de, em certos períodos, ele ser mais rápido que Usain Bolt na mesma idade. No entanto, à medida que os anos foram passando, seus tempos começaram a ficar lentos, e ele, apesar dos esforços incríveis, não conseguia mais melhorá-los. Foi então que decidiu mudar para os 400 metros com barreiras para ter uma chance realista de vencer em uma competição internacional.

De acordo com Tamesue, parece haver configurações corporais específicas que ajudam uma pessoa a se tornar campeã dos 100 metros. Embora não haja ainda um entendimento científico estabelecido quanto a esses parâmetros, atletas de ponta como Tamesue parecem conhecê-los intuitivamente, a partir da própria experiência. "Tem a ver com o formato dos calcanhares, a flexibilidade das articulações e o comprimento das coxas", disse ele. "Seu corpo precisa estar configurado exatamente da maneira certa para você ser um campeão na prova de 100 metros."

A observação de Tamesue traz à tona a relação entre aquilo com que nascemos e aquilo que adquirimos por meio do esforço. É maravilhoso dizer que podemos ser quem quisermos se nos esforçarmos, mas ao mesmo tempo precisamos nos manter realistas. Esse é o espírito do estoicismo refletido na escrita de Marco Aurélio. Um estoico deve ser audacioso ao buscar suas possibilidades, mas também consciente das possíveis limitações.

É fundamental ressaltar que não há como conhecer suas limitações a menos que se esforce muito, muito *mesmo*, na verdade. Tamesue aprendeu as limitações dele da maneira mais difícil, somente *depois* de tentar ao máximo se destacar na corrida de 100 metros. Embora ele esteja ciente dos possíveis limites de sua configuração física, o estado atual da ciência do esporte é tal que ninguém pode ter certeza se sua composição genética e física é adequada para um determinado desafio, a menos que tente superá-lo, e às vezes tendo que chegar ao nível mais alto. Não existe, até o momento, um teste que nos diga se um atleta está apto para uma tarefa específica. Somente a experiência revelará.

Desafios devido às próprias limitações podem ocorrer em atividades mentais, bem como em exercícios físicos. Cada um de nós experimenta as próprias dificuldades. Alguns são bons em uma coisa e outros se destacam em outra. A vida é tentar descobrir nossa própria configuração, por meio de tentativa e erro. E, mesmo assim, talvez não saibamos se somos ou não uma boa opção para determinada coisa, às vezes até o último dia de nossa vida.

Há algo intrigante no conjunto único de méritos e deficiências de um indivíduo. Até mesmo Albert Einstein expressou, notoriamente, dúvidas quanto a sua habilidade em matemática. Certa vez, ele confessou que não sabia intuitivamente qual campo da matemática deveria seguir. Ele se comparou à famosa fábula do asno (o animal) que desejava feno e água com igual intensidade, e que, sem conseguir decidir para qual lado ir, acabou morrendo de fome e sede.

Desnecessário dizer que, comparado a qualquer pessoa na rua, Einstein tinha habilidades excepcionais para lidar com a matemática. De que outra forma ele poderia ter desenvolvido a teoria geral da relatividade, que exigiu o domínio do cálculo tensorial e da geometria não euclidiana? O que Einstein queria dizer, provavelmente, era: em comparação com a genialidade para aplicar suas intuições relevantes à física, que levaram a descobertas que transformaram o mundo, sua competência em matemática pura era limitada. Assim como Tamesue, que mudou da corrida de 100 metros para a de 400 metros com barreiras, Einstein não tentou se destacar na matemática pura e concentrou seus esforços na física, descobrindo a famosa equação $E = mc^2$, transfigurando nossa maneira de enxergar o mundo em que vivemos.

Cada um de nós tem algumas capacidades e algumas limitações. O que nos torna únicos não são nossos talentos (podemos tê-los em comum com os outros), mas a configuração de talentos e deficiências dentro de nós. Para ter sucesso neste mundo, precisamos ver a nós mesmos com clareza. É algo bastante estoico reconhecer as próprias limitações e, ainda assim, dar o melhor de si considerando cada uma delas. Não adianta perseguir a ilusão de um corpo grego perfeito ou seu equivalente mental. O estoicismo ensina que devemos nos alinhar com nossas condições únicas e selecionar o que fazer a partir disso.

Em nosso mundo moderno, a imagem de um estoico é frequentemente associada à austeridade, e talvez até a um toque monocultural. Quando ouvimos a palavra "estoico", não é muito comum pensarmos em uma multitude de características únicas e vibrantes; em vez disso, o termo parece sugerir um mundo feito de preto, branco e alguns tons de cinza (que nem chegam a cinquenta). Mas, se aceitar as próprias peculiaridades é ser estoico, então o modo específico com o qual alguém se esforça pode ser bem diferente de pessoa para pessoa. Nesse sentido, cada um de nós é estoico à sua própria maneira, e ser assim é uma celebração da diversidade da vida. Há tantas maneiras de alguém se alinhar consigo mesmo que o estoicismo passa muito longe de ser a imagem monocultural de austeridade que temos hoje.

Certa vez, tive o raro e feliz privilégio de entrevistar Kim Peek, que foi a inspiração para o personagem autista savant no filme *Rain Man*, interpretado por Dustin Hoffman. Ele estava acompanhado do pai, Fran Peek. Kim era conhecido por sua incrível capacidade de memorizar coisas, e, uma vez que aprendia algo, nunca mais esquecia. Quando Kim era jovem, Fran percebeu que alguns dos livros em sua casa estavam virados de cabeça para baixo. Intrigado, ele investigou e descobriu que eram os livros que Kim havia terminado de ler. Desde o nascimento, o cérebro de Kim não possuía o corpo caloso, uma estrutura que conecta os hemisférios direito e esquerdo. Como consequência, Kim era capaz de ler as páginas esquerda e direita de um livro ao mesmo tempo. Depois disso, ele se lembrava de cada detalhe do que havia lido, palavra por palavra, sem erros — a impressionante capacidade retratada em *Rain Man*.

Foi fascinante testemunhar Kim utilizando sua grande capacidade de memorização. Perguntar alguma coisa dava início a uma reação em cadeia de memórias associadas, e Kim transbordava de emoção, mencionando coisas a uma velocidade incrível. Por exemplo, se você perguntasse sobre um ex-jogador dos Yankees, Kim responderia com uma curiosidade sobre ele, em seguida diria algo sobre Nova York, mencionando o apelido *Big Apple* e comentando na sequência que o cultivo de maçãs do tipo Granny Smith se originou na Austrália, passando então a falar sobre coalas. Embora fosse evidente que não havia controle sobre suas respostas, a reação em cadeia de memórias ia a toda velocidade em direções inimagináveis e imprevisíveis. O comportamento físico de Kim era também atípico: ele se movia constantemente, não conseguia ficar parado.

Fran Peek carregava a estatueta do Oscar sempre que ia com Kim a algum lugar na cidade. Então, se, por exemplo, Kim se comportasse de maneira atípica em um restaurante e chamasse a atenção dos clientes próximos, Fran lhes mostrava a estatueta e explicava orgulhosamente que o filme *Rain Man*, baseado em seu filho, Kim, ganhara o Oscar de Melhor Roteiro Original. Com isso, as pessoas entendiam de imediato. A estatueta havia sido dada aos coautores do filme, Ronald

Bass e Barry Morrow, que gentilmente a entregaram a Fran. Fran disse que o Oscar deles deve ter sido a estatueta mais segurada por mais pessoas no mundo.

A história de Kim demonstra outro elemento do estoicismo. É evidente que o amor e a dedicação de Fran ajudaram a individualidade única de Kim a florescer. Para celebrar a diversidade da vida, às vezes precisamos colaborar e ajudar uns aos outros. Definitivamente, nem sempre o estoicismo é solitário; pode ser também um jeito de ajudar os outros a se alinhar com a própria singularidade.

O respeito do estoicismo por cada uma de nossas qualidades únicas é uma celebração da diversidade da vida em geral. Se ampliarmos nossa perspectiva para espécies não humanas, cada espécie biológica é estoica à sua maneira, de minhocas a pássaros exóticos, e de microrganismos a uma gigantesca baleia-azul. O estoicismo talvez esteja relacionado às diversas maneiras pelas quais a vida na Terra evoluiu e segue evoluindo. Nosso sistema ecológico só é capaz de conter tantas espécies diferentes porque cada uma delas sabe seu lugar na natureza e não o ultrapassa. Para coexistir em harmonia dentro do sistema ecológico, precisamos fazer um uso inteligente de nossos recursos individuais, como fisiologia, energia e movimento. Nesse sentido, a aceitação de nossas próprias condições e o acolhimento de nossa contribuição única para o mundo é uma forma de alinhamento e uma manifestação do modo de vida estoico.

Não existe um físico perfeito e adequado para todos os esportes, e o mesmo vale para a inteligência, a personalidade e o caráter. Na vida, não existe uma fórmula universal. Ser estoico é alinhar-se com a própria condição e deixar que os outros façam o mesmo. Com isso, estamos celebrando a diversidade da vida. Na passagem final de sua obra-prima,

A origem das espécies, Charles Darwin escreveu de modo comovente sobre as "infindáveis formas, as mais belas e maravilhosas" do mundo. Essa frase poderia muito bem ter sido uma declaração sobre o estoicismo. Este mundo contém infindáveis formas de ser estoico, as mais belas e maravilhosas. De fato, *A origem das espécies* poderia ser considerada uma obra essencial na longa linhagem de obras que carregaram a tocha do estoicismo desde os antigos tempos de Sócrates.

CAPÍTULO 6

CELEBRAR A DIVERSIDADE DA VIDA, ACEITANDO SEUS LIMITES

Certa vez, tive a honra de receber o físico sir Roger Penrose (que viria a ganhar o Prêmio Nobel de Física, em 2020, "pela descoberta de que a formação de buracos negros é uma predição robusta da teoria da relatividade geral") para uma noite na antiga capital do Japão, Quioto. Eu conhecia Penrose dos meus tempos de pós-doutorado na Universidade de Cambridge, e ele tinha vindo dar uma palestra no Centro de Conferências Internacional de Quioto. Levei-o para um jantar *kaiseki*. A culinária *kaiseki* é famosa pelo uso deslumbrante de ingredientes tirados da natureza. Em uma típica refeição, composta de vários pratos, o cliente é servido com até, digamos, trinta iguarias diferentes, que vão desde peixe fresco a um pedaço de fruta perfeitamente madura; uma celebração da diversidade que se encontra na natureza. Naquela noite, discutimos várias coisas a respeito de geometria, gravitação, consciência e, desnecessário dizer, o puro deleite culinário do *kaiseki*. Foi fascinante e recompensador testemunhar os olhos de meu companheiro se iluminarem diante dos diversos ingredientes postos à sua frente. Naquela noite, pelo menos, o *kaiseki* foi como um buraco negro para a atenção de sir Roger Penrose.

Muitos chefs no mundo de hoje consideram o *kaiseki* uma das formas mais refinadas de culinária. Talvez fosse o caso, portanto, de parecer luxuoso demais para o espírito humilde do estoicismo, mas nada poderia estar mais longe da verdade. Na realidade, o *kaiseki* é a apoteose do estoicismo, pois cada ingrediente é recebido da natureza com gratidão. Não há arrogância por parte do chef, que aplica apenas um mínimo de temperos e molhos para cozinhar e preparar os mais frescos dos ingredientes, embora isso exija engenhosidade e esforço para conseguir certas matérias-primas, algumas das quais podem ser muito valorizadas. No entanto, o objetivo não é usar ingredientes raros ou custosos, ainda que alguns clientes frívolos façam alarde a esse respeito. Na verdade, ingredientes no auge da estação, quando seu sabor é melhor, costumam ter um preço moderado em comparação com o *hashiri* (início da estação) ou o *nagori* (fim da estação), como descrevo com mais detalhes em meu livro *Nagomi: a filosofia japonesa para viver em paz e harmonia*. A atitude do chef no *kaiseki* é sempre de gratidão, humildade e, se me for permitido acrescentar, de encantamento.

A parte mais importante da abordagem *kaiseki* é que ela aceita os limites das estações, que estão sempre em mudança. Você pode pegar ingredientes da natureza e procurá-los por toda a parte, mas não deve ultrapassar os limites estabelecidos por cada estação. O chef de *kaiseki* pode ser extravagante em sua exploração dos sentidos, mas apenas de acordo com o que a natureza tem a oferecer naquele momento. Dessa forma, o *kaiseki* demonstra como podemos ser estoicos, mas alegres ao mesmo tempo, apreciando os prazeres sensoriais que surgem em nosso caminho neste teatro da vida.

Os prazeres sensoriais do *kaiseki* são também uma maravilhosa metáfora para a versão do estoicismo que a humanidade talvez adote nos próximos anos. Não precisamos ser extravagantes, mas certamente podemos estar aqui para desfrutar, apreciar e celebrar a diversidade da vida por meio de nossos cinco sentidos. Podemos imergir no espectro de prazeres sensoriais e ficar satisfeitos dentro das limitações do aqui e agora. Quando aceitamos os limites de nossa própria existência, a vida se torna uma celebração de *qualia* sensoriais — uma característica marcante de nossa experiência consciente. Nesse aspecto, os *qualia* podem ser qualidades como a vermelhidão do vermelho, o frescor da água e a fragrância de uma rosa. Não há como descrevê-los totalmente em termos de números e equações, que são os métodos tradicionais empregados na ciência. Entender como a consciência, repleta de *qualia*, surge das atividades neurais no cérebro é considerado um dos problemas mais desafiadores para a ciência (bem como meu pessoal e derradeiro *ikigai*).

Essa celebração da vida por meio dos sentidos torna o estoicismo algo que se situa fora do campo das ideologias e da política, além de aplicável a todo o espectro de situações humanas e contextos sociais. O estoicismo é, portanto, um princípio robusto, relevante para qualquer tipo de país ou situação em que você possa se encontrar vivendo. Steven Pinker, professor de Harvard, certa vez expressou uma visão otimista do mundo, ressaltando o fato de que, em todo o globo, mais pessoas têm saído da pobreza e vivido em uma democracia parlamentar e com mais acesso ao ensino superior. No entanto, embora tal progresso para a humanidade seja com certeza bem-vindo, a dádiva do estoicismo, à medida que se torna uma sabedoria essencial de nossos tempos, reside no fato de que ele pode ser aplicado por qualquer pessoa, em qualquer cultura, sob qualquer sistema de governo. Mesmo quando a condição em que nos encontramos não é a ideal, o estoicismo nos mostra um caminho a seguir.

Como indivíduos, cada um de nós nasce em um cenário familiar específico; alguns de nós têm sorte, outros não. Marco Aurélio nasceu em uma rede de conexões que, por fim, o levaram a se tornar imperador do Império Romano. Epicteto nasceu em uma situação na qual se viu como escravizado, embora mais tarde tenha se tornado um homem livre. Ambos passaram a escrever textos (no caso de Marco Aurélio) ou a ter textos escritos (no caso de Epicteto) que pertencem ao cânone estoico. O estoicismo é uma atitude incrivelmente adaptável em relação à vida, e não importa onde você esteja ou em quais circunstâncias se encontre, sempre há uma maneira estoica de dar um jeito. A esse respeito, o estoicismo é mais amplo que a democracia, o liberalismo e a felicidade juntos. E isso é imprescindível, já que nos encontramos em um mundo com tanta divisão política. Não é estoico aderir a uma opinião específica, por mais justificável que ela possa parecer, e então ignorar a existência dos membros de sua comunidade. (Basta lembrar como Sócrates viveu para perceber que é preciso acolher o próximo e se comunicar com ele para ser estoico.) O estoicismo está mais alinhado com a vida em si do que com qualquer ideologia que possa conquistar o coração das pessoas (muitas vezes, quando se olha para trás, sem qualquer benefício no final).

Em um nível fundamental, nenhum de nós vive além das leis da natureza ou deixa de ser afetado pela grande procissão do universo. No fim das contas, o estoicismo aborda a questão de como viver, dadas as restrições do mundo em que nos encontramos. Em tempos de grande progresso da inteligência artificial, podemos às vezes ter a ilusão de que, nos próximos anos, nossas capacidades humanas serão tão grandemente aprimoradas e ampliadas que não haverá limites para o que podemos fazer. Contudo presumir que podemos superar todas as nossas limitações é se comportar como o lendário rei Gilgamesh, que, tendo desfrutado de toda a fama e poder mundano possíveis, partiu em uma jornada em busca da imortalidade. Gilgamesh por fim percebeu que isso estava além de seu alcance; ele finalmente aceitou sua mortalidade e faleceu, como cada um de nós o fará um dia.

Mesmo deixando de lado nossa inevitável mortalidade, nós, humanos, somos limitados de muitas outras formas. A estrutura da memória é uma delas. Muitos gostariam que a própria memória tivesse capacidade infinita, para assim ter um desempenho melhor no trabalho e viver a vida em sua plenitude. A memória é central para nossa existência como seres humanos — nossa própria noção de vida depende dela —, e, em um mundo ideal, seria bom poder lembrar tudo o que aprendemos e recordar cada detalhe de nossa vida, para que pudéssemos viver e reviver cada momento à vontade. No entanto, nossa configuração simplesmente não permite isso. E embora seja típico lamentarmos o fraco desempenho de nossa memória, em especial à medida que envelhecemos e amadurecemos, ela se mostra limitada mesmo em uma idade jovem e vibrante, tanto em capacidade quanto em retenção. Isso é o que nos torna humanos — talvez até demais.

Se examinarmos de perto o desempenho da memória humana, é possível notar tantos obstáculos e falhas que nos perguntamos como somos capazes de viver uma vida civilizada. Nossa memória faz de nós quem somos, e nada é mais devastador do que a perda total da capacidade de memória episódica, porque isso danifica o senso que temos de nós mesmos como pessoa. Se o hipocampo, o centro da memória no cérebro humano, for danificado, ou se houver outras disfunções em regiões cerebrais relacionadas, a capacidade de formar novas memórias pode ser perdida para sempre. Quando isso ocorre, não importa o acontecimento, a lembrança do fato não permanecerá com você. Ao fazer uma viagem, por exemplo, a despeito do que veja, ouça ou coma, independentemente de quem você encontre ou quais alegrias do acaso vivencie, as experiências passarão, assim como o tempo passa, e nada será alterado ou recuperado. Essa é uma experiência cada vez mais comum para os muitos que sofrem de demência, devido a condições como a doença de Alzheimer.

Mas o fato é que, mesmo com um cérebro funcionando normalmente, estamos destinados a esquecer a maior parte do que nos acontece, não importa o quanto tentemos não esquecer. Vários estudos neurocientíficos sugerem que não lembramos a esmagadora maioria daquilo que vemos. Sob condições experimentais, foi demonstrado que seres humanos não percebem quando características marcantes de uma cena visual são alteradas. Se o telhado de uma casa fosse mudado de azul para vermelho, os participantes do experimento provavelmente não notariam, a menos que, por uma razão ou outra, sua atenção fosse direcionada para aquela parte da cena. Curiosamente, quando questionados se achavam estar vendo tudo, os sujeitos tendiam a responder de maneira afirmativa. A discrepância entre o que acreditamos vivenciar, por um lado, e o que realmente lembramos, por outro, é um dos maiores enigmas de nossa vida.

A forma como vivemos por meio do fluxo da consciência, e como focamos o aqui e agora são aspectos importantes do estoicismo. A memória é um elemento importante na vida estoica, porque, a menos que estejamos conectados ao nosso passado e futuro por meio dela, a vida não faz sentido algum.

Na obra *Em busca do tempo perdido*, de Marcel Proust, considerada um dos maiores romances do século XX, o jovem protagonista relembra as experiências de sua vida, muitas das quais não foram felizes. Em sua busca pelo sentido da vida, ele aspira a alcançar coisas como status social, fama, riqueza e amor, mas fica desapontado com todas as suas tentativas. Por fim, acaba salvo por uma memória involuntária. Em uma famosa cena, ele mergulha no chá um pedaço de *madeleine*, um bolinho típico francês, e essa ação, e o sabor que ele sente na boca, resultam em uma série de recordações de sua vida até então. O narrador percebe que, apesar de todos os seus esforços para alcançar algo, até mesmo experiências aparentemente triviais podem conectá-lo ao pleno fluir da vida.

A psicóloga nativo-americana Marigold Linton, pioneira no estudo da memória autobiográfica, chamou o súbito ressurgimento de memórias involuntárias, como as retratadas no momento da *madeleine* em Proust, de fragmentos preciosos. São de fato os fragmentos preciosos de nossa vida mortal, enquanto vivemos por meio do fluxo da consciência, que constituem a diversidade celebrada na vida de um estoico.

No estoicismo, quando celebramos a diversidade da vida, fazemos isso em alinhamento com as limitações da sociedade, da cultura e, principalmente, da natureza, incluindo a forma como o cérebro é configurado para nos dar memórias. Às vezes, nesse processo, o autocontrole, e não uma farra despreocupada, pode ser a chave da questão. É por isso que um estoico pode parecer contido e moderado mesmo quando ele ou ela está, na verdade, bebendo da taça da vida com plena alegria. Um estoico está alinhado com o fluxo mais amplo da vida ao focar os prazeres sensoriais do cotidiano. A vida é finita, e nós não nos lembraremos de tudo. No entanto, é sempre possível saborear o presente, e isso é o melhor que podemos fazer.

CAPÍTULO 7

ESTOICISMO E CRIATIVIDADE

Hoje em dia, os seres humanos valorizam a criatividade mais do que qualquer outro traço. Pensando bem, nos últimos anos, nossa ênfase na criatividade parece ter alcançado uma nova dimensão. No ensino, nutrir a criatividade é considerado uma prioridade importante, tanto para pais que desejam incentivá-la em seus filhos quanto para a política nacional. Certamente, ela é mais valorizada do que a aprendizagem por repetição e o bom desempenho em exames avaliativos. Na cultura popular, pessoas criativas são muito respeitadas, e estrelas pop, artistas, cientistas e profissionais de tecnologia são reverenciados devido à criatividade que percebemos neles.

Se tentarmos imaginar um modelo de pessoa criativa, talvez Wolfgang Amadeus Mozart, como retratado no filme *Amadeus*, de 1984, venha à mente. Nesse clássico do cinema, o prodígio musical do século XVIII é retratado como um personagem travesso e brincalhão, que age por impulso. Em contraste, seu concorrente Antonio Salieri é mostrado como alguém com intenções sérias, que raramente conta ou aprecia piadas, e que fica um tanto perplexo e ofendido pelo comportamento exuberante e errático de Mozart. A dinâmica do filme se concentra no fato de que o travesso Mozart é dotado de uma criatividade divina, enquanto o sério e obstinado Salieri desfruta apenas de um talento musical medíocre.

Alguns críticos afirmaram que esse retrato dos dois músicos não é de todo justo nem historicamente preciso, em especial no que diz respeito a Salieri. No entanto o filme e a peça na qual ele se baseou foram sucessos enormes precisamente porque Mozart se encaixava em nossa percepção de como um gênio criativo deveria ser: alguém que exibe um espírito brincalhão e é disruptivo, atributos compensados e justificados pelo benefício que seus talentos trazem para a humanidade.

Em tempos mais recentes, Steve Jobs, cujo comportamento idiossincrático e atitude imprevisível aterrorizavam e, talvez, até afastassem algumas pessoas ao seu redor, alcançou feitos incríveis, como a criação do iPhone, um formato de smartphones que ainda não foi superado. Gostamos de acreditar que uma pessoa criativa é alguém que desafia o *statu quo* e não faz questão de pensar, ou se comportar, "dentro da caixa".

Por isso, há um problema de imagem para os estoicos no que diz respeito à criatividade. Falando sem rodeios, um estoico, que busca o equilíbrio e pratica a moderação, não aparenta ser alguém criativo. A criatividade requer uma centelha de genialidade, e, talvez, uma natureza errática e impulsiva, que um estoico certamente não possui. Pode-se confiar em uma pessoa estoica para realizar tarefas rotineiras e esclarecer as coisas, mas não para as obras transformadoras e de fascinante inovação que Mozart era capaz de produzir.

Conclusão: estoicos não são criativos.

O estoicismo não tem nada a ver com criatividade. Ponto-final.

Bem, vamos com calma.

Na verdade, pessoas criativas como Mozart são muito estoicas, embora com traços de caráter diferentes daqueles que discutimos até agora. Inclusive, há uma razão lógica pela qual um gênio criativo, por necessidade, precisa ser estoico.

Tomemos alguns cientistas e inventores famosos, que são frequentemente notados por suas personalidades pitorescas e excêntricas, como exemplo. Albert Einstein não admirava um de seus professores universitários e demonstrava esse desprezo, o que o levou a fracassar em conseguir um emprego na universidade. (Ele descobriu a teoria da relatividade trabalhando de forma independente à noite, após seu emprego diurno no escritório de patentes.) O controverso tecnólogo sul-africano Elon Musk é famoso por seu envolvimento em empresas inovadoras como PayPal, Tesla, SpaceX, Starlink e OpenAI, ao lado de empreendimentos mais desafiadores como Neuralink, HyperLoop e The Boring Company. Musk se tornou famoso como inovador, e como um transgressor de regras que demonstra pouco respeito pela opinião popular. No entanto há uma coisa que essas personalidades muito diferentes entre si respeitam e observam de maneira absoluta: as leis da física. Ou as leis da natureza em geral. Podemos discordar da opinião alheia, ignorar regulamentações e burocracia criadas pelo homem, mas não há como ignorar as leis naturais. Não importa quão engenhoso alguém seja, as leis da física são insuperáveis.

Por exemplo, é amplamente aceito que não se pode construir uma máquina de movimento perpétuo — uma máquina capaz de funcionar indefinidamente sem uma fonte externa de energia — porque as leis da termodinâmica o proíbem. Houve muitas tentativas de criação bem-sucedida de máquinas do tipo e diversas abordagens aparentemente engenhosas, mas nenhuma delas consegue contornar essas leis imutáveis.

Os julgamentos sobre a viabilidade de outras invenções podem ser mais ambíguos. Por exemplo, dentro do arcabouço da teoria da relatividade geral, *talvez* um dia seja possível construir uma máquina do tempo e visitar outras épocas. Isso criaria várias inconsistências (uma das mais famosas é a capacidade de viajar para o passado e matar seu pai antes mesmo de você ser concebido), mas, ao contrário da máquina de movimento perpétuo, ainda não sabemos se é de fato impossível a criação de uma máquina do tempo. Outros desafios são difíceis de julgar neste momento da história humana. Ainda não está claro se a cura para o câncer, a demência ou o envelhecimento será um dia possível. Muitos pesquisadores trabalharam em projetos audaciosos como supercondutividade em temperatura ambiente e energia de fusão, mas ainda não obtiveram sucesso. Talvez o mais intrigante seja que outras invenções parecem menos viáveis agora do que se supunha antes. Agora já não temos mais certeza se é mesmo possível construir um carro totalmente autônomo, um computador quântico funcional ou uma Inteligência Artificial Geral (IAG) — três dos mais notórios desafios que entusiastas da tecnologia como Elon Musk vêm impulsionando nos últimos anos.

Mas uma coisa é certa: na tentativa de resolver esses desafios científicos e tecnológicos, os traços de caráter das pessoas envolvidas não são importantes. Sabe-se que a construção de um computador quântico funcional depende de um processo chamado correção quântica de erros (QEC), um procedimento altamente matemático e técnico que retificaria possíveis erros causados por decoerência quântica. Um caráter brincalhão não ajudaria a resolver um problema em QEC. Atualmente, há discussões acaloradas quanto à possibilidade de os Modelos de Linguagem de Grande Escala (LLMS) darem origem a uma IAG, o Santo Graal da pesquisa em IA. Aqui, mais uma vez, um pesquisador impulsivo acenando com as mãos e fazendo piadas não seria de grande ajuda.

Quanto mais engajado você estiver, quanto maior a necessidade de mergulhar profundamente nos detalhes técnicos de um sistema, mais você precisará do estoicismo em sua totalidade. Caso contrário, o que construir será apenas um castelo de areia levado pelos ventos mundanos. A esse respeito, mesmo que seu discurso e comportamento extravagantes possam ser malvistos, um inventor/tecnólogo de sucesso tem de ser um estoico, porque sua abordagem precisa ser rigorosa e estoicamente lógica, além de observar as leis da física. E não é apenas aos campos da ciência e da tecnologia que isso se aplica. Existem lógicas e organizações internas semelhantes na música. Quando Mozart compunha, não há dúvida de que ele tinha uma compreensão e implementação estoica da lógica interna da música, caso contrário não poderia ter sido um grande compositor.

Assim, a percepção popular de que ser estoico é a antítese de ser criativo parece estar equivocada. Em vez disso, eu sugeriria que toda pessoa criativa é estoica, ou melhor, deveria ser estoica, no sentido de que ela deve seguir uma lógica interna e uma estrutura orgânica ao criar algo. O estoicismo, nesse sentido, torna-se uma condição necessária para ser criativo. Outros traços de personalidade, como a ludicidade, a disrupção e a travessura, embora possam com frequência acompanhar uma pessoa criativa, são inteiramente opcionais. Da mesma forma, é também bastante possível, e frequente, que uma pessoa de postura brincalhona, carente de estoicismo interior, possa ser totalmente desprovida de criatividade.

O que tem importância crucial na criatividade é o estoicismo interior. Todo o resto é um bônus. Na verdade, é concebível que os personagens de Mozart e Salieri em *Amadeus* poderiam ter sido invertidos, de modo que o personagem sério compusesse músicas fantásticas enquanto o bobo da corte travesso carecesse inteiramente de qualquer talento verdadeiro (apesar de que, como drama, não teria sido tão divertido).

Há outra razão pela qual as pessoas criativas precisam ser estoicas: a necessidade de superar dificuldades. No campo da ciência cognitiva que lida com aprendizado e criatividade, existe um conceito chamado "dificuldades desejáveis", que postula que processos de aprendizado eficazes, e até mesmo a genialidade, florescem quando nos deparamos com obstáculos — dificuldades que, em algum momento, depois de esforços consideráveis para superá-las, são vistas em retrospecto como obstáculos oportunos.

No laboratório, dificuldades desejáveis podem ser criadas e estudadas a partir de situações reproduzíveis que envolvam obstáculos à percepção. Sob certas condições, estudar anotações manuscritas pode melhorar a memória de alguém, o que não acontece quando se tem uma impressão mais legível. Usar fontes difíceis de ler pode, na verdade, resultar em melhoria no desempenho de um aprendiz.

Há também os tipos de dificuldade mais psicologicamente penetrantes, que estimulam o desenvolvimento de talentos incomuns. Marco Aurélio certamente teve sua cota de dificuldades desejáveis. O imperador estoico viveu em uma época difícil para o Império Romano, atormentado por guerras e pela peste, embora tenha feito poucas referências aos assuntos contemporâneos de sua época em *Meditações*. Esses problemas podem ter se transformado em dificuldades desejáveis, dando origem à sua criatividade na elaboração e execução de políticas como o último dos "Cinco Bons Imperadores" e o último imperador da *Pax Romana*.

Uma teoria sobre a origem da genialidade propõe que a morte prematura de um ou de ambos os pais pode contribuir para habilidades de enfrentamento que se correlacionam com o desenvolvimento da genialidade, já que a morte prematura dos genitores proporciona dificuldades desejáveis, ainda que de maneira trágica. O pai de Marco Aurélio morreu quando ele tinha apenas três anos, e ele também não passou muito tempo com a mãe. A lista de gênios cujos pais morreram de forma prematura é impressionante: Aristóteles, Robert Boyle, Albert Camus, Nicolau Copérnico, Marie Curie, Charles Darwin, Robert Hooke, David Hume, Antoine Lavoisier, James Maxwell, Isaac Newton, Friedrich Nietzsche, Blaise Pascal, Linus Pauling, Jean-Jacques Rousseau, Bertrand Russell, Jean-Paul Sartre, Mary Shelley, Adam Smith, Benedict Spinoza, Voltaire — esta lista é uma amostra bem pequena, o grupo real é enorme, quase infinito.

A expectativa de vida costumava ser curta, então, de um ponto de vista estatístico, não é tão surpreendente que esses eruditos tenham sofrido o infortúnio da morte prematura dos pais.

Por outro lado, em comparação com hoje, o bem-estar social era quase inexistente, então é provável que muitos desses gênios criativos tenham enfrentado tremendas dificuldades financeiras e práticas, sem mencionar os desafios psicológicos que acompanham uma perda. Por exemplo, Isaac Newton teve que se sustentar enquanto estudava na Universidade de Cambridge, realizando pequenos trabalhos como servir refeições e fazer a limpeza no Trinity College. Foi somente quando a universidade fechou por causa da Grande Peste, em 1665–1666, que ele foi forçado a voltar para casa, em Lincolnshire. No entanto, aquele ano de isolamento acabou por ser um *annus mirabilis* (ano miraculoso) para Newton e para a humanidade. Ele descobriu a gravidade quando, diz a lenda, viu uma maçã cair de uma árvore.

Os detalhes exatos dos mecanismos neurais envolvidos quando uma pessoa talentosa supera obstáculos e os transforma em dificuldades desejáveis ainda não são conhecidos. É provável que o recrutamento sustentável dos circuitos cerebrais de memória, juntamente com as funções executivas envolvidas em situações de escolha e ação, esteja em jogo. A formação de memória em consonância com a ação acontece o tempo todo. Além disso, em momentos de dificuldade e quando confrontadas com situações emocionalmente perturbadoras, as redes de reavaliação do córtex pré-frontal, que apoiam maneiras alternativas de interpretar o ambiente, seriam invocadas. E assim começa uma jornada de autotransformação.

Na cultura japonesa, essa atitude de realizar árduos esforços para atravessar dificuldades incríveis é chamada de *ganbaru*, que significa "esforçar-se", como vimos anteriormente. A importância do *ganbaru* é enfatizada em muitos aspectos da sociedade japonesa, da sala de aula ao local de trabalho, em textos de escolas de negócios e em mangás. Conforme descrito por Marco Polo (1254–1324), o Japão, sob o antigo nome de Zipangu, costumava ser considerado uma terra de ouro. Talvez o *ganbaru* tenha sido o meio pelo qual nossos antepassados japoneses conseguiram encontrar ouro no país, transformando literalmente dificuldades desejáveis em pepitas douradas.

Promover a inovação disruptiva pode criar suas próprias dificuldades. Talvez signifique correr contra uma forte onda de resistência, com uma oposição ao estilo dos luditas. Prometeu, o deus grego que trouxe o fogo para a humanidade, foi punido por sua ambição ao ser amarrado a uma rocha e ter seu fígado arrancado por uma águia. Ainda hoje, a crença audaciosa de que nós, seres humanos, podemos superar as limitações de nossa existência mediante o avanço tecnológico é por vezes chamada de prometeica. Esse é o credo das startups no Vale do Silício, exemplificado por pessoas como Mark Zuckerberg, Sam Altman e Eric Schmidt, ou pelo físico nuclear estadunidense Robert Oppenheimer, pioneiro no desenvolvimento de armas nucleares. Embora uma aspiração prometeica possa ter o potencial de trazer prosperidade e progresso para a humanidade, esse progresso também pode ter efeitos adversos imprevistos, e muitas vezes respondemos com medo a ambições desmedidas. Há algo paradoxalmente cruel e injusto na maneira como a sociedade humana trata uma pessoa que traz inovação e criatividade ao mundo. Não dar a um gênio criativo uma recepção calorosa talvez seja nossa maneira de manter a homeostase e a estabilidade. Da mesma forma, em resposta, o gênio criativo pode desenvolver certas características — travessura ou impulsividade — como uma espécie de mecanismo de defesa psicológico. Vista sob essa perspectiva, até mesmo a ludicidade pode ser considerada um fenótipo do estoicismo em relação à criatividade, meio pelo qual o protagonista tenta lidar com as reações de um mundo às vezes irracional.

Há uma última peça importante da psicologia criativa que pode transformar, em tempo real, dificuldades desejáveis em pepitas douradas de criatividade. O "fluxo", estudado pelo psicólogo húngaro-americano Mihaly Csikszentmihalyi, está no cerne da relação entre criatividade e estoicismo. Csikszentmihalyi sentiu-se inspirado a estudar o fluxo quando percebeu que algumas pessoas não só suportavam situações difíceis como também floresciam nelas, mesmo em tempos de guerra, por exemplo. Além disso, ele notou que um amigo pintor gostava de levar o pincel à tela por horas a fio, sem qualquer perspectiva de vender o trabalho ou ser recompensado social ou financeiramente por seus esforços.

A maneira estoica de lidar com a criatividade é dedicar-se arduamente (*ganbaru*). Nesse processo, podemos estar sob tremenda pressão e sentir até mesmo uma grande dor. No entanto o ponto crucial é que essa luta não nos foi imposta contra a nossa vontade. É algo que escolhemos para nós mesmos — como cientistas, engenheiros, artistas, empresários ou atletas —, porque, uma vez que ultrapassamos determinado limiar de esforço, cada momento começa a brilhar, literalmente, como uma pepita dourada. Esse é o estado de fluxo, no qual começamos a exibir o mais alto nível de desempenho e criatividade possível para um ser humano. Mesmo quando nossas ações não levam a resultados tangíveis, o fato de estar no estado de fluxo se torna a base para o *ikigai*.

O fluxo é caracterizado por alguns traços psicológicos, que também descrevem os estados mentais idealmente criativos em pessoas estoicas. Tendemos a esquecer a passagem do tempo. Esquecemos até mesmo nossa própria existência. O foco está em executar a tarefa em mãos, não em como ela será recebida.

No contexto da funcionalidade pré-frontal do cérebro, o fluxo trata de gerenciamento de recursos. No momento da criatividade, há uma multidão de demandas a serem atendidas, e a mente e o corpo dançam através do labirinto de árduas restrições. Isso é o estoicismo em ação. Como resultado, não importa o que aconteça, colhem-se enormes benefícios psicológicos. O estado mental de felicidade plena resultante do fluxo pode, ao menos subjetivamente, revelar-se mais valioso do que qualquer reconhecimento social ou prêmio de prestígio. O fruto da criatividade, não obstante quão altamente valorizado e elogiado possa vir a ser no resto do mundo, não é o prêmio. De fato, seria possível chamá-lo de prêmio de "consolação".

Pois, se olharmos para a história da criatividade no mundo, a impressão que se tem é de que os esforços criativos de uma pessoa foram muitas vezes um processo de tentar consolar a si mesmo pelas próprias condições. Marco Aurélio escreveu *Meditações* para encontrar consolo em meio à vida neste mundo muitas vezes severo. A criatividade do artista de mangá japonês Osamu Tezuka talvez tenha emergido de sua busca pessoal por autoconhecimento, quando, ainda jovem, ele caminhou pela terra queimada e estéril de Osaka, no Japão, durante os últimos dias da Segunda Guerra Mundial. Ao começar a jornada de quase trinta quilômetros, partindo de uma Osaka bombardeada de volta para sua casa em Takarazuka, ele era um jovem estudante de medicina; ao fim da jornada, havia decidido se tornar artista. Não há como saber ao certo o que se passou em sua mente enquanto realizava o longo percurso, mas certamente foi um esforço estoico rumo à criatividade.

Quando alguém cria algo com todo o seu coração, há um profundo sentimento de consolo. A criatividade, para um estoico, não trata apenas de suportar dificuldades (embora essa certamente seja uma parte importante da equação), mas de encontrar consolo — depois de toda a perseverança, há uma elevação da alma que é verdadeiramente maravilhosa. O consolo para o coração, contudo, só pode ser alcançado quando nos alinhamos com os acontecimentos mais amplos do mundo. Cada um de nós nasce sob condições próprias e específicas, e o consolo consiste em encontrar um *nagomi* entre essas condições de cada um e o mundo como um todo.

Nesta difícil encruzilhada da história humana, é reconfortante saber que criar algo tem o poder de acalentar a alma do criador, do início ao fim, independentemente dos milhões de pessoas que também possam se beneficiar da criação. Nesse sentido, pode-se dizer que o estoicismo oferece a visão mais reconfortante de criatividade em toda a história humana. Aqui, lembro-me do fato de que a obra mais importante de Sêneca tem o título de *Consolações*. Escrevê-la deve ter trazido ao estoico um profundo consolo, transformando-o para melhor.

Talvez seja assim mesmo, afinal não há nada mais criativo do que transformar a si mesmo. A vida é uma jornada constante de transformação, como observou de forma espirituosa o grande poeta de haicai Matsuo Bashō, no prefácio de *Trilha estreita ao confim*. Não há dúvida de que o próprio Isaac Newton viu-se profundamente transformado quando descobriu a gravidade, ao presenciar a queda de uma maçã. A esse respeito, o *annus mirabilis* dele foi um *annus mutantur* (ano transformador), e seria ótimo se isso pudesse acontecer a todos pelo menos uma vez na vida.

CAPÍTULO 8

ESTOICISMO E FELICIDADE

A imagem popular de uma pessoa estoica com postura impassível parece ter pouco a ver com a felicidade. O mordomo Stevens, em *Os vestígios do dia*, de Kazuo Ishiguro, talvez passe a impressão de ser uma pessoa muito estoica, mas não necessariamente uma feliz. Se ao menos estivesse ciente de seus sentimentos pela miss Kenton e dos sentimentos dela por ele, e assim agido de acordo, as coisas poderiam ter sido muito diferentes. Eles poderiam ter confessado seu amor um pelo outro, casado e vivido felizes para sempre.

Como mencionei várias vezes, o estoicismo tem um problema de imagem: o de aparentar ser, bem, estoico demais — para usar o termo como é popularmente compreendido. Ser estoico, nesse contexto, significaria reprimir as emoções a ponto de se afastar dos prazeres da vida, recusar-se a amar e ser amado, e passar pela vida sem altos e baixos, em geral sem emoções.

Já argumentei que tal imagem do estoicismo não poderia estar mais errada. O estoicismo, como o vejo, consiste em aceitar os próprios traços e condições únicas como uma forma de se alinhar com o mundo. Às vezes, a pessoa pode estar insatisfeita e desconfortável com as condições que lhes foram dadas, mas alinhar-se com os princípios da vida significa ajustar o jeito de ser para estar em harmonia com a própria comunidade, a sociedade em geral e os tempos de mudança. Nessa estrutura, a felicidade, a satisfação com a vida, o bem-estar ou qualquer outra expressão relacionada que você possa escolher são importantes na vida de uma pessoa estoica, pois fazem parte do quadro geral.

No entanto, para chegar a um conceito estoico de felicidade, precisamos desmistificar alguns equívocos populares sobre a felicidade em si. Na crença popular, existe a percepção de que felicidade consiste em satisfazer determinadas condições para o bem-estar. Expressões como uma "vida perfeita", um "casamento perfeito" e uma "união perfeita" são indícios de tais ideias preconcebidas. Tomemos a frase que o gigante da literatura russa, Liev Tolstói, usou para abrir seu romance *Anna Kariênina*: "Famílias felizes são todas iguais; cada família infeliz é infeliz à sua própria maneira". As pessoas encontraram uma profunda verdade nessa declaração e, de modo mais geral, na ideia de que todo indivíduo feliz é igual, enquanto os infelizes o são por diferentes razões. Isso é por vezes chamado de princípio de Anna Kariênina, que afirma serem necessários muitos fatores para que algo funcione, e a falha em satisfazer até mesmo um deles pode levar ao fracasso de todo o sistema.

O princípio de Anna Kariênina certamente seria verdadeiro se aplicado a projetos de engenharia. Se você tem um smartphone, sabe que ele é composto por muitas partes, em termos de hardware. Além disso, há nele diversos componentes de software, incluindo o sistema operacional. Para que seu smartphone funcione, todos esses componentes precisam estar funcionando. Mesmo quando apresenta apenas uma falha, seja de hardware ou de software, é provável que seu smartphone lhe dê dor de cabeça. Portanto todos os smartphones *felizes* certamente são iguais, enquanto cada infeliz (com mau funcionamento) é infeliz à sua maneira (a bateria pode estar descarregada ou a tela, rachada).

O mesmo vale, por exemplo, para a ciência de foguetes. Todos os lançamentos felizes são iguais, cada lançamento infeliz é infeliz à sua maneira. Sempre que você assiste a um lançamento de foguete, percebe a veracidade do princípio de Anna Kariênina. Para que tenha sucesso, tudo tem de estar funcionando perfeitamente. Essa é a lei segundo Anna Kariênina.

Mas, se você aplicar esse princípio à felicidade, será como um patinador artístico com desempenho perfeito em uma competição. Todos os saltos, *flips*, *loops* e *axels* devem ser realizados com perfeição para se obter nota dez no jogo da felicidade. Embora soe como um desafio e tanto, muitas pessoas parecem pensar dessa forma.

A verdade é que não precisamos ser perfeitos para sermos felizes. A vida não é um projeto de engenharia, como um smartphone ou um foguete. Cada pessoa chega a este mundo de maneira única, e uma vez que aceitamos nossas condições únicas, podemos ficar satisfeitos com a vida. Não precisamos ser nota dez em todos os aspectos capazes de afetar nossa felicidade para poder alcançá-la.

Aliás, ao analisarmos mais a fundo, dá para dizer que a felicidade é algo notavelmente flexível, com as pessoas se adaptando a várias condições e se tornando felizes de várias maneiras. Por exemplo, alguém pode acreditar que, para ser feliz, precisa ter muito dinheiro. Embora o dinheiro de fato ajude a comprar as coisas necessárias para a vida, há outras que não se pode comprar (incluindo o amor, segundo os Beatles). Se observarmos as pessoas antes e depois de terem ganhado na loteria, a satisfação delas com a vida (felicidade) não muda tanto assim, e às vezes até diminui. Pelo jeito, o dinheiro não pode comprar a felicidade.

As pessoas tendem a pensar que casar-se e ter filhos é a fórmula para a felicidade. No entanto, análises sugerem que o casamento nem sempre acarreta um aumento significativo na felicidade. O mesmo vale para ter filhos. Quando nos tornamos pais, somos felizes de maneiras diferentes de quando não os tínhamos. A satisfação com a vida em si não tem alterações significativas.

É curioso notar que alguns estudos examinam a relação entre clima e felicidade. Costuma-se pensar que quem vive em um lugar com clima quente, com muito sol, é mais feliz do que quem vive em um lugar mais frio, com, digamos, muita neve e nuvens espessas cobrindo o céu. Na verdade, se compararmos as pessoas no estado da Califórnia, nos Estados Unidos, onde certamente há clima quente e muito sol, com aquelas em estados do mesmo país onde há um clima menos favorável, não encontraremos tanta diferença em sua satisfação com a vida.

É, em vez disso, a percepção de que precisamos satisfazer certas condições para sermos felizes que pode acabar nos tornando infelizes. A ciência moderna identifica esse problema como "ilusão de foco". Talvez você esteja se concentrando em um fator específico (dinheiro, casamento, filhos, o clima) como condição para ser feliz. Esses fatores, contudo, não afetam sua satisfação com a vida, mas você tem a impressão de que sim. Nesse caso, você se torna infeliz como resultado da ilusão, não devido à falta do fator em si.

É comum ouvirmos pessoas lamentando seus salários modestos, e elas podem até dizer que seriam felizes se tivessem mais dinheiro. O problema real, no entanto, não é a falta de dinheiro, mas a ilusão de que mais dinheiro traria felicidade. É claro que medidas devem ser tomadas para corrigir a desigualdade econômica, mas a felicidade, curiosamente, nem sempre está relacionada à renda *per se*.

As pessoas às vezes têm a ilusão de que, a menos que se casem, não podem ser felizes, ou que ter filhos é uma condição necessária para a felicidade. As normas sociais e a pressão dos colegas contribuem para essa ilusão, com todos a seu redor repetindo o mantra: "Case-se, tenha filhos e seja feliz". Entretanto ser solteiro pode trazer satisfação com a vida de uma maneira única. Assim como casar-se e não ter filhos pode proporcionar seu próprio tipo de felicidade. Ser casado e com filhos pode levá-lo a uma felicidade sem igual, mas não ser casado e ter filhos pode ser igualmente uma fórmula para essa felicidade.

A essência do que quero dizer é que não faz diferença. Tudo é válido. A felicidade pode ser encontrada independentemente do que aconteça em nossa vida. Assim, ela se torna um belo exemplo do princípio estoico de aceitar o que temos de único. Se você é capaz de aceitar a si mesmo, então não importa em que tipo de situação possa estar. Mas, para aceitar a si mesmo, talvez precise se libertar de qualquer ilusão de foco que o prenda a uma condição específica para a felicidade.

Então, para a felicidade, talvez precisemos inverter o princípio de Anna Kariênina: todas as pessoas infelizes se parecem (na medida em que todas sofrem com a ilusão de foco); e cada pessoa feliz é feliz à sua maneira (ao aceitar a própria singularidade).

Esse princípio de Anna Kariênina invertido é central para a abordagem estoica da felicidade. É a sabedoria de se alinhar aos traços distintivos que você tem e à condição específica em que se encontra, não importa quem você seja ou onde viva.

Nos últimos anos, o interesse pela felicidade tem aumentado em todo o mundo. O Butão, por exemplo, lançou uma iniciativa para medir e melhorar a felicidade interna bruta (FIB) da nação. Esse movimento de calcular algo que não seja o crescimento econômico parece um progresso importante para a humanidade. Em uma época na qual precisamos estar conscientes de nosso impacto no meio ambiente, distinguir a felicidade do crescimento econômico tem implicações importantes.

Mas, falando em crescimento, é crucial perceber aqui que ser feliz não é equivalente a permanecer no *statu quo* para sempre. Não é um destino. Você pode ser feliz e continuar crescendo, e não apenas no sentido econômico. Há uma percepção comum de que, uma vez que alguém está satisfeito com a própria vida, não haverá mais a necessidade de melhorar a si mesmo e a sua situação. Que, se você é um animal que se move (e os humanos *são* animais que se movem), uma vez que encontrou um lugar que lhe seja satisfatório, não precisará mais seguir em frente. Essa é a metáfora que as pessoas normalmente usam para entender e lidar com a felicidade na própria vida e na dos outros.

Um conto de fadas típico começaria com os protagonistas (digamos, um príncipe e uma princesa) em uma situação muito infeliz. Então a aventura tem início e eles passam por dificuldades — explorando o mundo, superando desafios, entrando na masmorra, matando o monstro, resolvendo um enigma, descobrindo um tesouro —, até que voltam para casa vitoriosos, se casam e vivem felizes para sempre. O conto de fadas geralmente termina aí.

O "final de conto de fadas" sugere como funciona a compreensão popular da felicidade. A parte da aventura, quando o protagonista passa por situações difíceis, ou mesmo por dificuldades desejáveis, é quando ele aprende muitas coisas, cresce internamente, faz novas conexões e percebe a verdade de quem ele é (às vezes descobrindo as verdadeiras raízes de sua identidade, apesar do cenário humilde no qual inicia a história). Nesse sentido, a parte da aventura de um conto de fadas é um *Bildungsroman*, um romance de formação, no qual o protagonista passa pelo processo de aprender e explorar, crescendo como pessoa. Em contraste, a parte da felicidade é um breve estado final, a partir do qual o protagonista não precisa mais se esforçar. É por isso que, em um conto de fadas, não costuma haver nada de interessante a ser dito sobre os protagonistas depois que eles se tornam felizes.

Essa percepção de felicidade é problemática em muitas frentes. Por um lado, pode ser usada para tornar a felicidade algo que está sempre no futuro. Quando alguém está infeliz, talvez repita o seguinte mantra para si mesmo: "Se você se esforçar para superar suas dificuldades, um dia será feliz". Ou pode ser que outra pessoa o repita para você. Tais mentalidades foram usadas para justificar muitos sistemas abusivos ou opressivos, seja uma família, uma empresa ou uma nação, nos quais as pessoas são informadas de que a recompensa virá mais tarde. Por outro lado, essa percepção pode propagar a ideia de que a felicidade é estase, a antítese da descoberta e do crescimento pessoal.

Na verdade, caso consulte pesquisas na área das ciências cognitivas e das neurociências, em especial no que diz respeito ao desenvolvimento cognitivo humano, você descobrirá que a felicidade e o crescimento pessoal *são* compatíveis. De fato, em especial para crianças pequenas, a felicidade é a própria condição na qual a descoberta, o aprendizado e o crescimento pessoal acontecem.

Quando uma criança nasce, ela é dotada de vários traços pessoais. Quando o cuidador, seja a mãe, o pai ou qualquer outro adulto, aceita de todo o coração a singularidade da criança, ela receberá uma base segura. A partir dessa base segura, a criança pode explorar o mundo, aprendendo coisas por tentativa e erro, e passar por um crescimento pessoal. Ela desenvolverá um sentimento de apego em relação ao cuidador, e essa relação estável será a base para o aprendizado e desenvolvimento sustentáveis da criança, e para sua felicidade.

A psicóloga estadunidense-canadense Mary Ainsworth foi pioneira no conceito da base segura. A "teoria do apego", como é conhecida, foi desenvolvida pelo psicólogo britânico John Bowlby. Juntas, as ideias desses dois psicólogos de desenvolvimento formam uma parte importante dos princípios fundamentais do desenvolvimento infantil hoje.

Com a ideia da base segura e do apego em mente, percebemos que a premissa do típico conto de fadas está toda errada. Ao se encontrarem com uma base segura e desenvolverem apego, o príncipe e a princesa (nos quais uma criança pode se projetar) deveriam se sentir felizes como consequência. Eles se sentiriam felizes desde o primeiro dia. Apoiando-se nisso, poderiam então partir em uma jornada de exploração e aprender coisas. Eles poderiam alcançar um novo tipo de felicidade no final, mas o fato é que estariam felizes ao longo de toda a jornada porque tiveram uma base segura e apego desde o início.

Se o príncipe e a princesa não têm uma base segura nem sentem apego, torna-se mais difícil explorar o mundo. Não só isso: eles podem vivenciar dificuldades psicológicas e problemas no aprendizado e desenvolvimento. John Bowlby descobriu que, se uma criança carece de base segura e apego no início da vida, isso pode acarretar comportamentos problemáticos, incluindo delinquência e até crimes. Um conto de fadas no qual o príncipe e a princesa exibem mau comportamento não seria nada bom, mas, com um começo infeliz, é uma possibilidade.

No que diz respeito à natureza das redes neurais envolvidas, o aprendizado que se fundamenta na base segura e no apego é apoiado pelo sistema de recompensa do cérebro, envolvendo o neurotransmissor dopamina. Quando a dopamina é liberada, as conexões sinápticas entre os neurônios passam por um processo chamado aprendizagem por reforço. Ou seja, os circuitos que foram ativados antes da liberação de dopamina são reforçados. Por exemplo, se você tenta algo novo e tem sucesso, a dopamina é liberada, e os circuitos neurais responsáveis pela ação são fortalecidos — um ciclo positivo.

Da maneira como os circuitos neurais são construídos, a dopamina é liberada de maneira mais eficiente quando há alguma incerteza quanto à ação tentada ser bem-sucedida ou não. Se você tentar algo difícil e for bem-sucedido, mesmo com tudo para dar errado, haverá uma liberação máxima de dopamina, resultando no reforço dos circuitos envolvidos.

A natureza da aprendizagem por reforço explica por que uma base segura é necessária, especialmente para um bebê ou uma criança pequena. Ela terá poucas habilidades estabelecidas e pouco conhecimento sobre o mundo. Portanto, a menos que o cuidador ofereça apoio, é difícil até mesmo tentar a exploração. Assim, a base segura torna-se a plataforma a partir da qual a criança aprende e explora, enquanto o apego fornece a segurança psicológica de que ela precisa para continuar.

Curiosamente, essa relação entre base segura, apego e exploração parece continuar mesmo na idade adulta. Como um adulto, sua família, a empresa para a qual você trabalha, seus conhecimentos e habilidades adquiridas, seus relacionamentos pessoais com os outros, tudo pode servir como sua base segura e objetos de apego. Com esse apoio, você é capaz de explorar, aprender coisas e passar por um crescimento pessoal.

Tradicionalmente, os contos de fadas foram tecidos no formato de começo infeliz e final feliz. Mas, como vimos, do ponto de vista do cérebro humano, o formato deveria ser começo feliz *e* final feliz. Em ambas as versões, os protagonistas exploram, aprendem e crescem. Do ponto de vista da neurociência, no entanto, o príncipe e a princesa que começam infelizes, no formato tradicional do conto de fadas, podem se tornar delinquentes ou até mesmo criminosos. Não há final feliz aí.

Falei do *ikigai* como objetivo da vida no capítulo 4. Por ser autorreferencial (sua razão *pessoal* para viver), ele pode ser flexível e sustentável, e não depende das ilusões de foco quanto a reconhecimento social, recompensas e muito menos dinheiro e status social. No contexto das discussões que tivemos neste capítulo, o *ikigai* pode ser considerado um processo de exploração, aprendizado e crescimento pessoal, originando-se da base segura e do apego. A esse respeito, o *ikigai* pode ser igualmente o princípio norteador para bebês, crianças e adultos.

Para os estoicos, ter uma base segura e sentir apego é importante. Aliás, um conto de fadas que tenha um começo feliz e um final feliz pode muito bem representar o modo de vida estoico. Mas também é verdade que ninguém consegue controlar se vai ou não ter uma base segura e sentir apego, ainda mais nos estágios iniciais da vida, quando os cuidadores desempenham um papel importante. Para uma criança, é difícil dar um jeito na falta de base segura e de apego; a ajuda de um adulto é necessária. Como adulto, no entanto, se puder de alguma forma aceitar a ausência ou a escassez de sua base segura e sentimento de apego nos anos iniciais, você será capaz de, com a ajuda de uma atitude estoica, superar e criar essas conexões na vida adulta. O estoicismo, o companheiro de todos os dias da sua vida, tem mais a ver com o processo do que com o fim.

Dessa perspectiva, é bastante interessante observar que Sócrates, o pai do estoicismo, parece ter sido um homem muito feliz ao longo da vida, mesmo quando (ou deveríamos dizer, especialmente quando) estava envolvido nos diálogos socráticos. Sócrates parece ter aceitado a si mesmo e a seus traços pessoais únicos, e, pelo jeito, deve ter tido uma base segura e apego. Embora a aparência seja algo com o qual não devemos nos importar (o "aparencismo" é outra forma de ilusão de foco), dizem que Sócrates era um homem feio, com um nariz chato e arrebitado e olhos grandes e saltados. No entanto, não há indício de que se incomodasse com sua aparência, nem um pouco. Sócrates simplesmente a aceitou, como um bom estoico deveria fazer. Ele também reconhecia abertamente a própria ignorância, pronto para aprender com outras pessoas e com o mundo, por meio de sua curiosidade muitas vezes insaciável. A partir desses relatos, a forma como Sócrates encarava a vida parece de fato ressoar com o estado mental de uma criança que teve uma base segura. Em suma, Sócrates era extremamente feliz, porque havia aceitado a si mesmo e era aceito pelos outros, e isso o tornava pronto para embarcar na jornada da vida. Ele havia encontrado seu *ikigai*.

Finalmente, no conto de fadas que é a vida, talvez seja apropriado perguntar: *quo vadis?* Para onde vais?, ou, para onde te diriges? Quando você está feliz, não vai querer apenas viver feliz para sempre. Com o suporte de uma base segura, você vai preferir viajar e explorar.

Quo vadis?

Como estoico, você deve estar sempre se fazendo essa pergunta.

PARTE 2

ESTOICISMO E FUTURO DOS SERES HUMANOS

CAPÍTULO 9

ESTOICISMO E LIVRE-ARBÍTRIO

Um dos fatores mais espantosos sobre a ciência moderna é que os pesquisadores em geral acreditam não haver livre-arbítrio. Isso é meio que inacreditável, dado que nós, humanos, vivemos todos os dias com a crença de que o temos, sim. Desde a simples escolha do que comer no café da manhã, passando pela carreira e até as decisões mais agonizantes, nossa suposição é de que temos a liberdade de escolher. O livre-arbítrio está tão intimamente ligado aos nossos valores humanos, como autoimagem, ética e estrutura social, que somos incapazes de abandonar a ideia, embora os cientistas concordem de maneira quase unânime que se trata apenas de uma ilusão. Com efeito, o pesquisador de Harvard Daniel Wegner, que certa vez escreveu um artigo intitulado *The Mind's Best Trick: How We Experience Conscious Will* [O melhor truque da mente: como vivenciamos a vontade consciente], comparou o livre-arbítrio a um truque de mágica sofisticado.

O livre-arbítrio é um enigma para a neurociência de hoje, e para a ciência em geral. Cientificamente, como o cérebro obedece às leis da física, não há como permitir que ele aconteça, já que é "externo" ao que ocorre nas redes neurais do cérebro. E, no entanto, em nossa experiência consciente, a sensação (ou ilusão) de livre-arbítrio é muito forte. E não é para menos: o sentimento de que podemos escolher as coisas livremente é um indicador robusto de um cérebro saudável e em bom funcionamento. Se, por uma razão ou outra, nos sentirmos de alguma forma impedidos de fazer escolhas por vontade própria, ou mesmo que somos forçados a fazer algo, isso seria um sinal de que talvez nossas funções cerebrais não estejam muito bem.

A negação do livre-arbítrio também apresenta alguns problemas sérios de consistência em nossa visão de mundo, problemas que até hoje não foram totalmente sanados. Por exemplo, os sistemas de direito penal de muitos países baseiam-se na ideia de que penalizar as pessoas por crimes é justificado porque elas *escolheram* fazer coisas ruins, mesmo quando poderiam ter parado. Realmente, uma das descrições funcionais padrão do livre-arbítrio hoje é a da capacidade de dizer não. O impulso em si para realizar determinada ação até pode ser gerado inconscientemente, mas o cérebro tem um poder de veto, apoiado pelo córtex pré-frontal, que interrompe a ação por meio da vontade consciente do sujeito. A capacidade de dizer não, ou o poder de veto do córtex pré-frontal, é a coisa mais próxima do livre-arbítrio, ou de uma consciência moral, que temos cientificamente.

A visão do livre-arbítrio como capacidade de se negar a fazer algo não está isenta de seus próprios problemas de consistência. Se o papel da consciência é vetar uma ação, isso não significaria que o próprio veto também é causado por leis físicas? A possível regressão infinita invocada por esse pensamento é característica de qualquer tentativa séria de compreender o livre-arbítrio.

Mas deixemos de lado, por enquanto, a questão fundamental de saber se o livre-arbítrio existe ou não e consideremos o que ele significa para o estoicismo. Na introdução, listei dez declarações fundamentais sobre o estoicismo. As três a seguir parecem particularmente relevantes para a questão do livre-arbítrio.

> 2. O estoicismo é uma forma de dar o seu melhor em quaisquer circunstâncias.
> 7. O estoicismo é alinhar a própria vida com as vozes interiores e as leis do mundo.
> 10. O estoicismo consiste em manter a integridade pessoal sob quaisquer circunstâncias, de modo a ver com nitidez os contornos da própria alma.

Dar o seu melhor, alinhar-se com as leis do mundo e manter a integridade pessoal (os contornos da própria alma) são todas questões sobre as quais o ponto de vista estoico a respeito do livre-arbítrio tem influência. À medida que começamos a julgar e a fazer escolhas neste mundo cada vez mais complexo e caótico, o livre-arbítrio também se torna uma questão prática. É importante continuar fazendo as coisas em sua vida, mesmo com a consciência de que, teoricamente, a questão do livre-arbítrio ainda está em aberto. Na verdade, não importa, do ponto de vista estoico, se há ou não livre-arbítrio. Mesmo que não se saiba precisamente como as escolhas são feitas, as consequências delas são de crucial importância para nossa vida. Do ponto de vista estoico, alinhar-se com as consequências das próprias escolhas — assumir a responsabilidade por suas ações e tirar o melhor proveito dos resultados — é tudo o que importa. Quaisquer especulações sobre a existência ou não do livre-arbítrio são um luxo do qual se pode prescindir.

Marco Aurélio era uma pessoa extremamente interessante, no sentido de que tinha todos os poderes terrenos do mundo como o conhecia e, ainda assim, se absteve de abusar deles, como evidenciado nas páginas de *Meditações*. Quando se pensa no que o imperador do Império Romano poderia fazer se quisesse, é surpreendente o que ele alcançou em termos de autocontrole. Tanto é que a vida de Marco Aurélio tornou-se notável tanto pelo que ele não fez quanto pelo que de fato fez; ele literalmente exerceu sua capacidade imperial de dizer não. Não é de admirar que seus escritos tenham sido uma inspiração para gerações de pessoas, incluindo líderes como Winston Churchill. Sua demonstração de até onde o autocontrole pode ir é uma lição valiosa de como usar nossa capacidade de discernimento de maneiras que preservem nossa integridade pessoal.

Há uma coisa importante a notar aqui. Embora Marco Aurélio fosse o homem mais poderoso da terra em seu tempo, com autoridade absoluta, ele não era o único a ter escolhas. Parando para pensar, no mundo moderno, somos todos mais ou menos senhores de nosso próprio destino. A menos que esteja governando um país (olá, líderes mundiais que por acaso estejam lendo este livro!), o que você faz hoje pode até não afetar muito os assuntos mundiais, e, claro, não custa nada ajustar suas ações de modo a não prejudicar o meio ambiente e as outras pessoas, mas o principal beneficiário e vítima de suas ações será sempre você.

O mais crucial aqui é perceber que o que você faz sempre o afetará de maneira significativa. Parece tão óbvio, e mesmo assim a maioria das pessoas não se dá conta do que isso significa. Por exemplo, na adolescência, o fato de você estudar seriamente para uma prova, ou não, afetará suas notas e suas chances de ir para uma boa faculdade. Claro, você pode considerar notas escolares algo insignificante, dizer que não importa qual faculdade frequentar ou mesmo questionar se deve frequentar alguma, mas suas decisões, de um jeito ou de outro, certamente afetarão sua vida, assim como as decisões tomadas pelo imperador Marco Aurélio teriam afetado a vida das pessoas no Império Romano e muito além.

Na verdade, não seria exagero dizer que *você* é o imperador da sua vida. O que você faz mudará o curso dela mais do que qualquer coisa que venha a acontecer ou ser feita por alguém. Nesse sentido, você não é diferente de Marco Aurélio. É necessário agir com prudência, julgar com cuidado e fazer escolhas com sabedoria, além de se tornar um mestre do livre-arbítrio e da capacidade de dizer não. E essa consciência da importância de suas escolhas pode existir independentemente das questões ontológicas e epistemológicas ainda não resolvidas do livre-arbítrio.

Se de fato existe ou não livre-arbítrio, a única coisa que se pode fazer, na prática, é aceitar o que quer que aconteça a você, ou por causa de você, como consequência de suas ações.

Há um famoso ditado atribuído a Miyamoto Musashi, um lendário mestre espadachim samurai que utilizava duas espadas *katana* e autor de *O livro dos cinco anéis*: "Não tenho arrependimentos sobre meus feitos". Todos os dias, você precisa fazer escolhas com base em uma aparente sensação de livre-arbítrio, prestando atenção aos princípios estoicos de dar o seu melhor, alinhar-se com as leis do mundo e manter sua integridade pessoal. Se fizer isso, certamente viverá em conformidade com as palavras de Miyamoto Musashi. Não terá arrependimentos sobre seus feitos.

Mas como é possível fazer escolhas estoicas se, como mencionei na introdução, cada escolha é baseada em uma multidão de alternativas? Quando observamos os processos de julgamento e tomada de decisão, percebemos que existem inúmeros fatores, e cada um deles, por sua vez, se reflete nos outros, em um efeito borboleta sem fim. Portanto, de forma bastante realista, cada escolha é como uma folha flutuando em um oceano de possibilidades. Do ponto de vista estoico, o livre-arbítrio é uma questão de alinhamento. E, como o mundo com o qual nos alinhamos por meio de nossas escolhas é repleto de coisas inesperadas, o livre-arbítrio, seja ele qual for, precisa ser flexível e adaptável, nunca uma aplicação rígida de ideologia.

O antropólogo francês Claude Lévi-Strauss enfatizou a importância da "bricolagem", conceito que se originou da palavra francesa *bricolage*, que significa "faça você mesmo". O termo diz respeito a ser capaz de improvisar com o que está disponível no momento. No mundo de hoje, com ambientes sociais e valores sempre em mudança, a *bricolage* de Lévi-Strauss seria um dos elementos essenciais do estoicismo, não importa a qual visão do livre-arbítrio em particular opte por aderir. Aliás, o livre-arbítrio consiste em *como* você faz *bricolage*.

The Köln Concert, do estadunidense Keith Jarrett, é uma das gravações ao vivo mais populares, e aclamadas pela crítica, a ser realizada por um pianista de jazz, ou, melhor dizendo, por um artista em geral. É interessante notar que se trata de uma pura obra de *bricolage*. O concerto foi organizado por Vera Brandes, uma jovem de dezoito anos e cheia de entusiasmo que não fez um bom trabalho de preparação. Quando Jarrett chegou à sala de concerto, deparou-se com o piano errado, desafinado. Algumas das teclas, principalmente nos registros superior e inferior, estavam inutilizáveis. O próprio Jarrett estava exausto, depois de uma longa viagem, e queria cancelar, mas Brandes persistiu, instando o pianista a se apresentar. Por fim, o artista concordou, improvisando e adaptando seu estilo de tocar às exigências do piano ruim, e o resto é história da música.

Seria ótimo se sempre tivéssemos todos os elementos fundamentais de que precisamos. Mas se isso não é possível, então temos que fazer *bricolage*. Lévi-Strauss chamou tal perspectiva de "pensamento selvagem". O pensamento selvagem de Keith Jarrett na sala de concerto em Colônia, na Alemanha, tornou-se uma lenda musical.

No Japão, a palavra *nora*, escrita em kanji com 野良, que significa "selvagem", é usada para descrever coisas que são maravilhosamente livres e independentes das infraestruturas e normas sociais estabelecidas. Por exemplo, *nora-gi* se refere às roupas casuais e ainda assim estilosas que os agricultores costumam usar, feitas de tecidos remendados e consertados. *Nora inu* se refere a um cão de rua, e é o título original em japonês do filme *Cão danado*, de Akira Kurosawa. Um "*WiFi nora*" se referiria a uma rede Wi-Fi que se pode acessar nas ruas.

No Japão, tradicionalmente, as maneiras *nora* de pensar e viver sempre serviram como uma fonte popular de robustez na vida. Nesse sentido, o concerto de Keith Jarrett em Colônia também é *nora*.

Nossa vida é uma série de *bricolages*, ou *nora*. Nada é perfeito, e nada é sem potencial, se soubermos como olhar. Seguimos com o cotidiano e fazemos "o melhor possível", e esse é o único caminho para quem tem o espírito estoico.

Dar o nosso melhor é tanto uma metodologia tecnológica quanto uma filosofia que ressoa bem com o estoicismo. Da modulação do tráfego na internet ao funcionamento de vários softwares, dar o nosso melhor nos permite buscar uma solução sem ser idealista demais ou derrotista. Em um nível mais fundamental, cada um de nós é limitado por nossas capacidades e habilidades, e temos de nos adaptar — só nos resta fazer o melhor possível.

Ser estoico é encontrar um equilíbrio, ou *nagomi*, em sua vida. Um perfeccionista pode tentar fazer algo de forma completamente satisfatória. E, embora isso possa soar como uma boa ideia em termos de fazer o melhor, na vida real um perfeccionista muitas vezes acaba insatisfeito com o que tem. Não estou dizendo que ter um padrão elevado seja ruim. Existem perfeccionistas que de fato fazem o que se propõem a fazer, mas só depois de melhorarem gradualmente seu desempenho. No Japão, há uma palavra maravilhosa para descrever um perfeccionista: *kodawari*, que significa apego à própria percepção de qualidade. Por exemplo, o dono de um restaurante de ramen pode ter *kodawari* em relação à sopa de macarrão que ele ou ela prepara, às vezes além das expectativas razoáveis do mercado. Mas, mesmo nesse caso, é crucial notar que o *kodawari*, a perfeição, é buscado no contexto das operações diárias do restaurante de ramen. Assim, o *kodawari* é um *nagomi* entre os ideais de alguém e a realidade do *statu quo*, e requer uma atitude estoica para ser explorado.

Os estoicos nunca desperdiçariam a vida, porque, não importa o que pensem teoricamente sobre o livre-arbítrio, eles fazem *bricolage*, ou *nora*.

CAPÍTULO 10

ESTOICISMO E CONSCIÊNCIA

Uma das imagens mais comuns que se tem de uma pessoa estoica é a de que ela é solitária. Como discutiremos mais adiante (capítulo 12), definitivamente não é preciso ser um festeiro para alcançar todo o seu potencial. Na verdade, há muitos indivíduos que apreciavam a solidão e exibiam os mais altos níveis de criatividade: Ludwig Wittgenstein escreveu o *Tractatus Logico-Philosophicus* em uma cabana norueguesa; o compositor e maestro austríaco Gustav Mahler criou suas obras-primas em uma cabana à beira de um lago; o pianista canadense Glenn Gould, mais tarde em sua carreira, evitava realizar concertos públicos e levava uma vida solitária, também à beira de um lago, fazendo gravações ocasionais de performances clássicas como as *Variações Goldberg* de J. S. Bach; a cantora e compositora canadense Claire Elise Boucher, conhecida profissionalmente como Grimes, costuma criar álbuns inteiros na solidão de seu apartamento; Haruki Murakami, o escritor japonês de fama global, em geral evita entrevistas e aparições na mídia, especialmente em seu país natal, mas se comunica de forma bela e eficiente com seus leitores por meio de romances, ensaios e ocasionais coberturas de imprensa.

Há algo genuinamente pró-criatividade no tempo passado em solidão. Além daqueles que de fato levaram uma vida solitária durante um período importante da carreira, há os que fantasiavam a importância da solidão. Albert Einstein muitas vezes expressava seu anseio por viver como faroleiro, ao passo que levava uma vida muito agitada como gênio-celebridade a nível mundial. A imagem icônica de Einstein mostrando a língua foi capturada quando alguns fotógrafos o perseguiram enquanto ele saía de carro. Foi como se o aspirante a recluso reagisse ao sempre curioso mundo com um espírito de vingança alegre e jovial.

Embora possa ser bom ter amigos próximos e queridos, a solidão, ao contrário da crença popular, não é tão ruim. Na verdade, os seres humanos são, por natureza, solitários, devido ao fato de que cada um de nós tem uma consciência. Desde os primórdios da humanidade, cada um de nós, seres conscientes que somos, foi confinado ao seu próprio domínio de experiência fenomenológica.

O filósofo australiano, David Chalmers, escreve sobre o "problema difícil" da consciência. Existe uma lacuna explicativa entre uma descrição científica da função cerebral e a natureza íntima da experiência consciente, como os *qualia* e a autoconsciência. Muitos acreditam que é improvável algum dia haver uma explicação científica da consciência que resolva esse problema difícil. Cada um de nós está confinado dentro do maior mistério da ciência: a autoconsciência.

Nos últimos anos, muitos condenaram publicamente as "câmaras de eco" criadas pelos algoritmos das redes sociais, que fazem com que as pessoas vejam apenas o que querem ver e se associem apenas com quem tenha preferências semelhantes às suas. Embora este seja certamente um problema que precisa ser discutido, a verdade é que nós, humanos, temos vivido na câmara de eco da consciência ao longo de toda a nossa história como *Homo sapiens*.

Estamos, cada um de nós, confinados ao domínio de nossa consciência no sentido absoluto. Não importa quão fisicamente próximos possamos estar de outra pessoa, somos todos confinados a nossos próprios mundos de experiência fenomênica, cheios de *qualia*, que são sentidos e vivenciados apenas por nós mesmos.

A título de exemplo, falando de *qualia*, é bem sabido que não há absolutamente nenhuma garantia de que o vermelho que você vê seja o mesmo que o vermelho que eu vejo. É até possível, embora não provável, que o vermelho que você vê seja o mesmo que o verde que eu vejo, com todas as manifestações externas da funcionalidade do cérebro mantidas intactas. Esse *Gedankenexperiment*, ou experimento mental, conhecido como *qualia* invertido, só não é de todo sem sentido justamente porque cada um de nós está confinado à própria consciência.

Todos estamos em um isolamento absoluto como consequência do fato de que somos seres conscientes. Há, também, uma ideia de que nada garante que outro sujeito que aparente se comportar de forma consciente, como, digamos, seu vizinho, tenha de fato uma consciência. É inteiramente possível, logicamente falando, que ele ou ela seja um zumbi filosófico, uma entidade com um comportamento externo idêntico ao de um ser consciente, mas desprovido de qualquer experiência consciente que seja. Atualmente, não temos como confirmar a existência de experiência consciente em outra pessoa. Por conseguinte, não há como provar a terceiros, sem deixar qualquer sombra de dúvida, que você é um ser verdadeiramente consciente.

No filme *Blade Runner - O caçador de androides*, baseado no romance *Androides sonham com ovelhas elétricas?*, de Philip

K. Dick, uma horda de indivíduos com aparência humana, chamados replicantes, passa por dificuldades por serem discriminados pelos humanos. Eles se revoltam contra a opressão, mas são eliminados um a um. O protagonista do filme, responsável por "lidar" com a questão, é Rick Deckard, interpretado por Harrison Ford, que recebe a tarefa de caçar os replicantes. Rick se apaixona por uma delas, Rachael, interpretada por Sean Young. A forma sutil como o filme retrata a relação entre humanos e replicantes, com Rachael acreditando ser humana, torna a obra um ótimo argumento para a ideia de zumbis filosóficos.

Em uma cena inesquecível, mais para o final do filme, um dos replicantes mais poderosos, Roy Batty (interpretado por Rutger Hauer), faz um monólogo impressionante diante da morte iminente, relembrando ter visto coisas que "vocês não acreditariam", como raios-C brilhando no escuro próximo ao Portão de Tannhäuser. Por fim, Roy lamenta que seus momentos estarão "perdidos no tempo, como lágrimas na chuva".

Esse solilóquio de morte, que ficou conhecido como o monólogo "Lágrimas na Chuva", demonstra de uma maneira bela e comovente o tipo de câmara de eco experiencial à qual todos nós estamos confinados. A distinção ficcional entre humanos e replicantes em *Blade Runner* serve para destacar a espantosa solidão fenomenológica em que cada um de nós se encontra.

Quando eu tinha quinze anos, vi uma manifestação incrível da aurora boreal sobre os céus de Banff, no Canadá. Passei um mês em Vancouver estudando inglês, e estava em uma excursão escolar com meus colegas. O que vi no céu naquela noite foi incrível, mas não há como compartilhar diretamente com vocês, meus leitores, exceto por este relato desajeitado. Quando eu finalmente me despedir deste mundo, minha experiência daquela noite estará perdida, como lágrimas na chuva. Tenho certeza de que cada um de vocês seria capaz de recordar algumas experiências incríveis em sua vida. Não há como compartilhá-las comigo, mas posso reconhecer que vocês têm tal experiência única, e vice-versa. A câmara de eco da consciência é uma das condições mais marcantes de nossa vida estoica

O fato de termos consciência nos permite experienciar o mundo na plena riqueza sensorial dos *qualia*. De fato, a consciência é, por sua natureza diversa, uma tapeçaria maravilhosa tecida com *qualia*. Por outro lado, como consequência dessa diversidade, estamos confinados à câmara de eco do eu. É assim que as coisas são, é assim que sempre foram e é assim que, com toda a probabilidade, sempre serão, não importa como possamos desenvolver a ciência e as tecnologias a partir daqui, incluindo a inteligência artificial e a interface cérebro-máquina.

O estoicismo é a maneira de se alinhar com as leis imutáveis da natureza. Viver estoicamente é aceitar como as coisas são neste mundo. Essa condição que cerca nossa consciência, uma das mais importantes, ou, indiscutivelmente, a condição *mais* importante de nossa breve existência neste mundo, é um denominador imutável e crucial de nossa existência.

Mas espere. Há mais uma possível reviravolta nesta história da consciência: a Hipótese da Consciência Única.

Um dos aspectos mais marcantes do universo físico em que vivemos é que todas as partículas elementares do mesmo tipo têm exatamente a mesma massa. Por exemplo, todos os elétrons têm a mesma massa de $9{,}1093837139 \times 10^{-31}$kg, cada um deles. Alguns cientistas se perguntaram a razão para isso.

Em 1940, John Wheeler, um físico dos Estados Unidos, teve a ideia da hipótese do elétron único. Wheeler teorizou que todos os elétrons têm exatamente a mesma massa porque há, na verdade, apenas um elétron no universo. Existe uma antipartícula do elétron, chamada pósitron, com exatamente a mesma massa, mas uma carga elétrica positiva da mesma magnitude (um elétron tem uma carga elétrica negativa). Às vezes, um elétron e um pósitron podem colidir e desaparecer, criando luz (fóton), em um processo chamado "aniquilação de par". Inversamente, a luz (fóton) pode se dividir em um par de elétron e pósitron, em um processo chamado "criação de par".

Dessa forma, é possível considerar todos os elétrons e pósitrons no universo como apenas uma partícula se movendo em ambas as direções no tempo, ziguezagueando, e com isso todos eles estão conectados. Assim, poder-se-ia dizer que na verdade existe apenas um elétron espalhado pelo universo, constantemente ziguezagueando através do tempo e do espaço. É uma ideia fantasiosa, com certeza, mas também lógica e inteiramente sensata.

Na mesma linha, é possível dizer que existe apenas uma consciência. Cada um de nós está confinado à câmara de eco de nossa autoconsciência. Nós nos sentimos diferentes porque temos memórias diferentes, experiências sensoriais diferentes e imagens diferentes de nós mesmos, juntamente com diferentes rostos, vozes, corpos etc. No entanto, uma vez que removemos todos esses traços individuais, o que encontramos no cerne da autoconsciência deve ser de uma semelhança notável. De fato, despir as diferenças individuais pode resultar em todos nós compartilhando exatamente o mesmo tipo de consciência. Assim talvez possamos concluir que existe apenas uma consciência no universo. E podemos presumir, também, que é por isso que às vezes nos entendemos, apesar de estarmos confinados nas câmaras de eco de nossa própria autoconsciência.

Esse talvez seja um relato ainda mais fantasioso e especulativo a respeito da consciência do que a hipótese do elétron único. Mas, se o estoicismo é a arte de viver em alinhamento com as leis do universo, tais considerações sobre a natureza fundamental de nossa existência são claramente relevantes para nossa vida como estoicos. E isso é apenas o começo. À medida que cientistas e filósofos fazem mais progresso nos estudos da consciência, pode haver atualizações cruciais por vir.

Estamos todos juntos nessa investigação filosófica. Durante o processo, talvez encontremos algumas surpresas e ideias novas e deslumbrantes, abrindo nossos olhos para o cerne da existência humana.

Apertem os cintos e fiquem ligados.

CAPÍTULO 11

ESTOICISMO E INTELIGÊNCIA ARTIFICIAL

Recentemente, um conjunto de IAs generativas, em particular o Modelo de Linguagem de Grande Escala ChatGPT, causou um impacto imenso na sociedade humana. Esses sistemas de IA são capazes de feitos que nem mesmo os especialistas previram; seu impacto ainda reverbera em todos os setores da sociedade, e a poeira levará muito tempo para baixar, se é que um dia isso vai acontecer.

À primeira vista, talvez pareça que o estoicismo e a inteligência artificial têm muito pouco em comum. O primeiro é uma tradição venerável que remonta à Grécia Antiga, tendo início com ninguém menos que Sócrates, enquanto a segunda é uma tecnologia contemporânea ainda em desenvolvimento, baseada em hordas de unidades de processamento gráfico (GPUS), criadas originalmente para oferecer suporte a videogames. Contudo, como demonstro neste capítulo, o estoicismo se relaciona com o futuro da inteligência artificial de duas maneiras essenciais.

Primeira: como um guia de como as IAs podem ser construídas daqui para a frente. Segunda: como um exemplo de como IAs e seres humanos podem se alinhar.

Em ambos os casos, o estoicismo pode fornecer uma perspectiva essencial para otimizar nosso uso da IA, orientar os esforços de pesquisa e desenvolvimento, e nos mostrar um caminho para manter essa tecnologia de IA benéfica e segura para os humanos no futuro.

O avanço na tecnologia de IA tem, e com razão, deixado muitas pessoas apreensivas. Nossos empregos podem ser tomados. Os seres humanos podem não ser mais necessários e, como resultado, podemos perder nosso senso de propósito (*ikigai*) neste mundo. Podemos até ser extintos. E, de fato, como evitar a obsolescência ou a extinção humana é uma grande preocupação para pesquisadores em alinhamento e segurança de IA, que discutem o tema diariamente. O "risco do *ikigai*", o risco de que os humanos percam seu *ikigai* com o avanço das IAs, foi discutido na principal plataforma sobre o tema, o *Lex Fridman Podcast*, apresentado pelo pesquisador epônimo de IA do MIT. No episódio em questão, o proeminente pesquisador Roman Yampolskiy levantou o risco do *ikigai* como uma das questões mais graves que podem assolar a humanidade nos anos vindouros.

Os riscos que as IAs poderiam representar para os seres humanos são de natureza complexa e multifacetada. O primeiro e mais importante é o da possível "singularidade tecnológica" das IAs.

A ideia de "singularidade tecnológica", o hipotético momento futuro em que o crescimento tecnológico se torna imparável e irreversível, foi popularizada pelo escritor de ficção científica e matemático estadunidense Vernor Vinge, em uma série de ensaios em 1983 e 1993. Em 2005, o tecnólogo e escritor Ray Kurzweil publicou o livro *A singularidade está próxima*, seguido por *A singularidade está mais próxima,* em 2024, nos quais defende que o crescimento tecnológico exponencial levaria ao surgimento de uma superinteligência que superaria as habilidades humanas.

O conceito de crescimento exponencial da tecnologia é, na verdade, uma norma na indústria de computadores. Isso está em sintonia com a famosa Lei de Moore, nomeada em homenagem ao cofundador da Intel, Gordon Moore, que, em 1965, postulou que o número de componentes por circuito integrado dobraria a cada ano, resultando em uma curva de crescimento exponencial. Surpreendentemente, a Lei de Moore se manteve fiel em sua previsão de crescimento exponencial na capacidade dos circuitos integrados, e agora há debates abertos sobre seus limites e onde isso tudo vai acabar. Alguns argumentam que ela pode continuar até as décadas de 2040 e 2050.

Superficialmente, a predição de singularidade tecnológica nada mais é que uma observação baseada no crescimento exponencial do poder computacional, similar à Lei de Moore. Como isso se traduz na melhoria quantitativa e qualitativa da inteligência artificial é algo bastante investigado hoje.

Essa noção de singularidade tecnológica deve-se originalmente ao matemático britânico I. J. Good. Durante a Segunda Guerra Mundial, Good foi colega do matemático britânico Alan Turing em Bletchley Park, onde integravam a equipe responsável por decifrar o código do sistema de criptografia alemão Enigma, um feito que, acredita-se amplamente, desempenhou um papel fundamental na eventual derrota da Alemanha pelo Reino Unido. Em 1965, Good escreveu um artigo sobre a ideia da explosão de inteligência, no qual propôs um modelo de inteligência artificial que poderia aprimorar a si mesma. Uma vez que a semente de tal IA fosse criada, argumentou ele, não haveria mais nada que os humanos pudessem fazer. A IA continuaria aprimorando a si mesma, até atingir um nível de inteligência sobre-humana. A criação dessa IA seminal seria a última invenção dos seres humanos.

Curiosamente, Good também ajudou na conceitualização do computador HAL no filme de Stanley Kubrick *2001: Uma odisseia no espaço*. O filme, coescrito por Kubrick e pela lenda da ficção científica Arthur C. Clarke, permanece como a representação cinematográfica mais precisa e penetrante do que poderia acontecer quando um sistema de inteligência artificial atinge a singularidade. A colaboração de Good conferiu profundidade e autenticidade à representação no filme.

Enquanto escrevo este livro, a singularidade já não é mais um conceito fantasioso pertencente à ficção científica. A ideia de que os humanos são capazes de construir uma inteligência artificial geral (IAG) que se equipare à inteligência geral humana, ou então uma superinteligência artificial (SIA) que a supere, tornou-se bastante corrente e legítima, embora ainda haja debates em andamento sobre quais seriam as metodologias necessárias para se chegar lá e alguns duvidem da viabilidade das atuais tecnologias de IAG e SIA. Organizações influentes como a OpenAI, que desenvolveu o ChatGPT, o Google, a Meta e a XAI, sem mencionar suas contrapartes chinesas, estão abertamente mirando a construção de uma IAG e, em seguida, uma SIA.

Neste clima acalorado, um meio de levar a inteligência artificial a coexistir de forma segura (alinhada) com os humanos tornou-se de importância central, debatido não apenas por cientistas e tecnólogos, mas também por legisladores e políticos em todo o mundo. Há quem defenda um programa de pesquisa e desenvolvimento controlado e rigidamente regulamentado, como o Projeto Manhattan, que criou as primeiras bombas nucleares na história da humanidade. Mas, dada a natureza do desenvolvimento de inteligência artificial, no qual é possível conduzir pesquisas em segredo (exceto pelo fato de que, em algum momento, será necessário garantir uma enorme quantidade de GPUs para executar o poder computacional, com a consequência de que isso possa ser detectado), um Projeto Manhattan exclusivo para o desenvolvimento de IA não parece realista. Dito isso, neste exato momento, pode já haver no mundo projetos secretos de construção de IAG ou SIA em andamento.

Dadas as tremendas dificuldades e incertezas quanto ao futuro da inteligência artificial, precisamos voltar ao básico e pensar nas questões de alinhamento e segurança em IA de forma fundamental.

Voltemos ao colega de outrora de Good, Alan Turing, que estabeleceu as bases para o computador moderno. Em um artigo de 1936, Turing descreveu os projetos para o que hoje é conhecido como Máquinas de Turing Universais, computadores capazes de computar qualquer coisa. As ideias vigentes sobre IAG e SIA baseiam-se na seguinte suposição: que um dia seremos capazes de desenvolver sistemas de inteligência artificial com o poder de computar qualquer coisa ou resolver quaisquer problemas, contanto que disponhamos de recursos suficientes.

Mas espere. Embora fosse ótimo ter um sistema de inteligência artificial capaz de resolver qualquer problema, há limites fundamentais para o que ele pode fazer em dado momento. Mesmo que uma IA consiga resolver qualquer problema, desde que disponha de memória e capacidade de processamento infinitas, ela se torna incapaz de realizar outra coisa ao mesmo tempo assim que começa a executar uma tarefa.

É um pouco parecido como um humano superinteligente quando está trabalhando em um problema específico. Vamos supor que houvesse uma mulher genial chamada Ada. Você dá a Ada um problema matemático muito difícil de resolver, e ela começa a trabalhar nele. Dada a sua superinteligência, é provável que Ada resolva o problema depois de certo tempo. Então, nesse sentido, Ada é uma Inteligência Natural Geral. No entanto, uma vez que você dá a Ada um problema e ela começa a resolvê-lo, não é possível que ela trabalhe em mais nada, porque sua memória e capacidades de computação já estão ocupadas com o problema em questão.

O mesmo vale para as supostas IAG e SIA. Podemos ser capazes de fazê-las computar qualquer coisa e resolver problemas espantosos. No entanto, uma vez que um sistema começa a trabalhar em um problema específico, ele não pode fazer mais nada durante esse período, a menos que tenha capacidade infinita de memória e poder computacional, o que, claro, é praticamente impossível. Como alternativa, talvez pudéssemos ter muitos sistemas de IAG ou SIA funcionando de forma independente e em paralelo. Esse arranjo, contudo, segue limitado pela disponibilidade de recursos físicos. Não apenas isso, também teria que haver alguém, ou algo, para decidir qual máquina trabalharia em quê.

Portanto, a inteligência artificial enfrenta o mesmo problema que a inteligência natural do cérebro humano. Mesmo que haja um potencial para computar e resolver qualquer coisa, só é possível trabalhar em um desses possíveis problemas por vez.

O artigo seminal de 2017 apresentado por pesquisadores do Google e que deu origem à revolução da IA foi intitulado "Atenção é tudo de que você precisa". Atenção é, literalmente, tudo de que você precisa ao configurar um sistema, seja artificial ou natural, para que ele faça uma determinada coisa. Durante esse período, no entanto, o sistema não seria capaz de fazer mais nada.

De fato, atenção *é* tudo de que você precisa, e, ao analisar como decidimos direcionar essa atenção no cérebro humano, isso se torna uma questão de estoicismo. O estoicismo consiste em como o cérebro aloca recursos para várias tarefas. Na verdade, temos funções trabalhando em coordenação no cérebro — interpretando entradas sensoriais, modulando a atenção, reavaliando emoções e gerenciando os recursos das redes neurais junto ao córtex pré-frontal — que apoiam o estoicismo. Esse processo de estoicismo neural, em termos de funcionamento do cérebro, é um aspecto fundamental de uma vida estoica.

Um mecanismo semelhante precisa existir para os sistemas de inteligência artificial. No estoicismo artificial, uma IA precisaria configurar a própria memória e recursos computacionais de tal forma que suas metas prefixadas possam ser atendidas. Aliás, mesmo supondo que um sistema de IAG ou SIA possa ser construído algum dia, a menos que tenhamos um sistema de estoicismo artificial capaz de determinar a que tipo de processamento ele dedica atenção, o sistema não será de grande utilidade. Com o devido respeito, ao contrário do que Good sugeriu em seu artigo de 1965, construir uma IA que aperfeiçoe a si mesma não será, afinal, a última invenção da humanidade: ainda haverá julgamentos e decisões sobre a que tarefas a IAG ou SIA deve se dedicar. Existem ideias de como a IA poderia aplicar algumas funções de avaliação para decidir em que direção os recursos computacionais devem ser alocados. Mas, ainda que essa seja de fato uma agenda de pesquisa viável, com a IA basicamente nos dizendo o que fazer, questões éticas e práticas tornam um futuro com uma IA soberana menos provável, por ora, do que a ficção científica nos dá a crer.

Assim como o filme *2001: Uma odisseia no espaço* é uma grande inspiração ao se considerar a natureza da singularidade tecnológica, o romance de Kazuo Ishiguro *Klara e o sol* fornece um maravilhoso material para reflexão no que diz respeito ao estoicismo artificial. Há algo nos romances de Ishiguro que ressoa com a filosofia do estoicismo, que, por sua vez, tem uma profunda conexão com os valores humanísticos que remontam à Grécia Antiga. Nesse sentido, Ishiguro é um herdeiro do espírito de Sócrates. Em *Klara e o sol*, ambientado em um futuro não tão distante, existem sistemas de inteligência artificial projetados especificamente para oferecer companhia a crianças. Klara é uma dessas inteligências artificiais, ou Amiga Artificial (AA). Klara é comprada e se torna a AA de uma menina chamada Josie. A trama de Ishiguro é rica, complexa e cheia de nuances, e só é possível apreciar a obra em sua plenitude lendo-a por completo. No entanto, no contexto da presente discussão, algo se destaca: a boa vontade de Klara e sua disposição em ajudar Josie e seu amigo Rick, um princípio fundamental no alinhamento da IA. As IAs precisam estar a serviço dos seres humanos, e não o contrário.

Há conexões profundas e ressonantes entre o mordomo Stevens, de *Os vestígios do dia*, e Klara, de *Klara e o sol*. Embora um seja humano e a outra, artificial, ambos são estoicos em um sentido profundamente espiritual. Ambos refletem a filosofia japonesa do *gaman*, e tanto o mordomo Stevens quanto a IA Klara se esforçam para ampliar o *ikigai* das pessoas a quem servem. Por fim, um *nagomi*, uma harmonia, entre quem oferece e quem recebe o serviço parece ser o objetivo principal e mais significativo de ambos.

O estoicismo artificial é uma questão fundamental ao se considerar a divisão de tarefas entre humanos e máquinas. Nos carros autônomos, um dos principais debates diz respeito à atenção do motorista humano (ou passageiro, caso a premissa tecnológica se torne uma na qual a direção é delegada por completo à IA, com os humanos tornando-se apenas viajantes) enquanto a IA dirige o veículo. Se a condução autônoma for inteiramente confiável, não haverá necessidade de o motorista/passageiro humano manter atenção constante na estrada ou nas condições do carro. Por outro lado, se a direção autônoma for apenas de natureza assistiva, o motorista precisará estar atento o tempo todo à estrada e ao carro, pronto para assumir o controle e dirigir manualmente, se necessário.

A necessidade ou não de atenção humana contínua em um carro autônomo tem implicações sérias para a utilidade tecnológica e econômica do veículo. Se não houver necessidade de atenção humana, os carros autônomos poderão dar início a um vasto oceano de novas indústrias, com uma gama de produtos e serviços voltados para entretenimento, trabalho remoto, alimentação, sono e outras formas de relaxamento que poderiam ocorrer dentro de um carro em movimento. Se, no entanto, os humanos ainda precisarem prestar atenção contínua à estrada/carro, mesmo no modo autônomo, então a condução autônoma continuará sendo uma tecnologia suplementar, incapaz de revolucionar a indústria automobilística.

É interessante considerarmos como será a divisão de tarefas entre humanos e sistemas de inteligência artificial. Os seres humanos precisarão modular seus recursos atencionais de acordo com o modo de interagir com a inteligência artificial, e as IAs, por sua vez, terão de realizar cálculos otimizados para a coexistência e cocriação com os humanos. O alinhamento da IA está, assim, na encruzilhada entre o estoicismo natural e o artificial, na qual humanos e IAs buscam otimizar seus recursos de atenção diante dessa nova realidade na era da inteligência artificial.

Em 2024, escrevi um artigo intitulado "Inteligência artificial, cognição humana e supremacia da consciência", no qual argumentei que certos tipos de processamento deveriam continuar a cargo dos seres humanos, porque é provável que o cérebro humano continue superior às IAs nessas tarefas. Especificamente, os cálculos relacionados à modulação flexível da atenção, à capacidade robusta de lidar com novos contextos, à escolha e tomada de decisões, à cognição que integra uma ampla gama de informações sensoriais e à cognição incorporada devem permanecer como domínios mais bem executados pelo cérebro humano, sob um paradigma de supremacia da consciência (semelhante ao argumento da supremacia quântica na computação quântica).

Há um conceito interessante proposto pelo economista britânico Charles Goodhart, chamado Lei de Goodhart. Ele afirma que "quando uma medida se torna um alvo, ela deixa de ser uma boa medida". Originalmente concebida no contexto da formulação de políticas econômicas, essa lei revelou-se pertinente em muitos outros campos. Por exemplo, nas escolas, a pressão para fazer com que as crianças passem nos exames e atinjam a métrica representada por boas notas pode nos levar a não perceber se elas estão realmente desenvolvendo as habilidades de que precisarão na vida. Para as empresas, receita e lucro são boas medidas de desempenho. Contudo, se as operações forem excessivamente dominadas por critérios monetários, a qualidade do trabalho e do produto pode ser prejudicada. A Lei de Goodhart também é relevante para o alinhamento da IA de que trato aqui, porque as IAs são, por definição, projetadas para otimizar certas medidas de uma função de avaliação.

Os seres humanos vivem de acordo com a Lei de Goodhart: nossa vida pode ser avaliada no que diz respeito a algumas métricas, mas essas métricas jamais podem ser o único propósito da vida. Na verdade, quando isso acontece, há perda de sentido. No capítulo 4, discuti a importância da distinção entre os objetivos de vida que não nos representam — como dinheiro, sucesso e status social — e o *ikigai*. Curiosamente, os objetivos que não nos representam quase sempre podem ser descritos por métricas específicas, mas jamais nos darão a sensação de *ikigai*. Dessa forma, *ikigai* e estoicismo possuem uma flexibilidade e profundidade, dimensões humanas, que os sistemas de inteligência artificial jamais poderão alcançar. A própria essência do *ikigai* humano e do estoicismo está em sua impossibilidade de serem plenamente descritos por uma única métrica.

O estoicismo exige que descubramos uma forma de coexistência com a IA, uma divisão de tarefas entre nós. Uma possível divisão seria que as IAs buscassem a otimização dos objetivos que não nos representam, sob um estoicismo artificial, ao passo que os humanos buscariam seu *ikigai* sob o estoicismo natural. Em *Klara e o sol*, de Ishiguro, Klara, a AA comprada para a menina Josie, persegue uma série de objetivos que não a representam para assim servir à menina, mas esses objetivos jamais podem se tornar o *ikigai* de Klara. De certo modo, o romance de Ishiguro é uma belíssima descrição da diferença entre o estoicismo natural dos humanos e o estoicismo artificial das IAs. No fim, há uma pungente ternura na maneira sincera com que Klara persegue os objetivos que não a representam. O leitor chega a sentir empatia por Klara, pois os sistemas de inteligência artificial são, afinal, espelhos de nós mesmos.

CAPÍTULO 12

ESTOICISMO E SOCIEDADE

A leitura das *Meditações* de Marco Aurélio chama a nossa atenção para o quanto ele se ocupava das relações entre as pessoas. À primeira vista, talvez pensemos que um imperador romano estaria acima do cidadão comum (e ele, de fato, estava) e poderia fazer tudo o que quisesse (e podia, mas não fez, porque era um estoico e exercia autocontrole). Uma das revelações que a leitura de *Meditações* nos oferece é a de que os seres humanos, independentemente de sua posição social, preocupam-se profundamente com as relações pessoais, e que Marco Aurélio foi estoico sobretudo nesse aspecto. Ser estoico, nesse caso, significa estudar de um jeito aberto e com curiosidade as relações humanas diante de si, em um esforço de compreender a natureza humana e a sociedade em que se vive, de modo a alinhar-se com os outros e alcançar serenidade para si e para os demais.

Em *Meditações*, Marco Aurélio aprende observando as relações entre as pessoas. Para todos nós, refletir sobre nossos próprios vínculos com os outros, assim como observar como as demais pessoas interagem entre si, é uma fonte valiosa de conhecimento. Fundamentar nossos sistemas de valores e modos de agir no comportamento observado das pessoas ao nosso redor, em vez de em sistemas prontos ou ideologias fixas, é de fato um dos pilares mais importantes do estoicismo. Sócrates também foi um mestre das relações pessoais, sobretudo em seus diálogos. E o mestre samurai, filósofo e budista Miyamoto Musashi faz observações pertinentes sobre os vínculos humanos no *Livro dos cinco anéis*, tanto no contexto dos duelos de *katana* quanto além deles. Segundo Marco Aurélio e Miyamoto Musashi, é preciso buscar inspiração, para uma conduta estoica, nas pessoas que estão bem diante de nós, porque é aí que a vida acontece.

As relações sociais são um denominador essencial da nossa existência como humanos. Ainda que a inteligência artificial cada vez mais conduza operações antes realizadas pelo cérebro humano, o convívio permanece sendo uma atividade reservada com exclusividade para os seres humanos. Mesmo que sistemas de inteligência artificial assumam tarefas como sugerir amizades ou recomendar conteúdos por meio de algoritmos, a comunicação em si precisa ser conduzida por seres humanos para ser eficaz e ficar registrada nos sistemas cerebrais da memória (hipocampo) e da emoção (amígdala).

Entre muitas espécies animais, o "*grooming*", o cuidado mútuo com o corpo, é uma parte fundamental da interação social, e envolve o uso das mãos para escovar, limpar ou tratar pelos, pele e outras partes do corpo. Robin Dunbar, da Universidade de Oxford, estudou por anos o comportamento de *grooming* entre macacos, e observou que o "tamanho do grupo" com quem um macaco compartilha esse cuidado social está diretamente relacionado ao tamanho do cérebro da espécie. À medida que o cérebro evolui e aumenta, cresce também o número de indivíduos com os quais o animal se envolve socialmente.

Os humanos, claro, não costumam praticar *grooming* como os macacos. Em vez disso, conversamos, jogamos conversa fora, trocamos mensagens, comemos e bebemos juntos. Ainda assim, o curioso é que, entre os humanos, o número médio de pessoas com quem se mantêm laços sociais — se usarmos como critério, por exemplo, o envio de cartões de Natal (ou seu equivalente digital) — gira em torno de 150. Esse número é conhecido como o número de Dunbar. E o mais interessante é que o número de Dunbar, de aproximadamente 150 indivíduos para cada humano, é compatível com a correlação entre o tamanho cerebral e o grupo de *grooming* de macacos e outros primatas, o que sugere um mecanismo evolutivo contínuo.

Dos macacos a Marco Aurélio, somos todos animais sociais. E é justamente aí que um grau elevado de estoicismo se faz cada vez mais necessário, considerando que temos recursos limitados para alocar e empregar em vínculos sociais. O convívio exige tempo e energia. Todo leitor já deve ter passado por ocasiões em que ficou em dúvida se deveria ou não aceitar determinado convite social. Mesmo com a agenda vazia, outros interesses podem competir entre si. Ter amigos demais não costuma ser considerado um problema, ao contrário da solidão, mas também pode se tornar um desafio. Talvez sua noite fosse melhor aproveitada resolvendo tarefas no aconchego do seu quarto, em vez de tentar aumentar ainda mais sua rede de contatos.

Do ponto de vista computacional, o convívio social é um problema de gestão de recursos. No Japão, onde a consciência da coletividade sempre foi um valor importante, existem diversas regras práticas para a convivência social, entre elas, os conceitos de *gaman* e *nagomi*. Muitas vezes, é difícil otimizar o uso do tempo. E, para complicar ainda mais, costuma haver mais de uma forma válida de aproveitá-lo bem. Podem surgir conflitos de interesse, ou mesmo a possibilidade bastante real de que você não saiba, no fim das contas, o que seria o melhor para sua vida.

Mesmo entre os macacos, construir e manter vínculos por meio do *grooming* é algo sério. Um grupo de macacos na natureza, cuidando da pelagem uns dos outros, pode até parecer levar uma vida despreocupada, mas por trás dessa imagem idílica existe um jogo rigoroso de alocação de recursos, que pode chegar a ser questão de vida ou morte. Ser aceito ou rejeitado pelo grupo pode afetar diretamente as chances de sobrevivência.

Há boas razões para que, como descobriu Dunbar, exista uma correlação entre o tamanho do cérebro de uma espécie de macaco e o tamanho médio de seu grupo de *grooming*. O *grooming* traz benefícios à saúde, sobretudo em relação a partes do corpo que não podem ser alcançadas sozinhas. Como os benefícios são maiores para quem recebe o cuidado do que para quem o oferece, o *grooming* se torna uma troca do tipo "eu cuido de você e você cuida de mim". Manter esse equilíbrio exige certo nível de avaliação cognitiva. Além disso, entram em cena hierarquias sociais: animais de posição inferior tendem a cuidar dos de posição mais elevada. O *grooming* também pode ser uma tática, quando o indivíduo tenta formar um novo vínculo ao oferecer cuidado a outro. É desnecessário dizer o quanto esse tipo de situação encontra equivalentes nos seres humanos, em especial entre políticos e empresários. Quando se consideram todas as operações sociais complexas envolvidas no *grooming*, compreende-se a necessidade de redes neurais capazes de lembrar e organizar nossa rede de contatos. Para um animal altamente social como o macaco, cometer um erro nesse tipo de vínculo pode causar um enorme sofrimento. Por isso, manter esse "registro social" é uma tarefa de extrema seriedade.

Talvez nós, humanos, estejamos envolvidos, e sem saber, em desafios igualmente árduos ao nos lançarmos na tarefa de socializar uns com os outros. No nosso caso, isso normalmente se dá por meio de trocas verbais, com ou sem bebidas e refeições. É da natureza humana criar laços para que possamos nos ajudar em tempos de necessidade, um traço partilhado com os macacos que praticam o cuidado social por meio do *grooming*.

Há sutilezas maravilhosas no cotidiano de um japonês no que diz respeito à gestão dos vínculos sociais. Por exemplo, é costume levar um pequeno presente ao visitar alguém, em especial se essa pessoa vive em uma região remota ou quando voltamos de uma viagem. Um presente oferecido nessas ocasiões chama-se *miyage*. Se você viajar pelo Japão, notará que lojas de *miyage* são onipresentes em estações de trem e aeroportos. Se você tem um amigo japonês, talvez já tenha sido pessoalmente agraciado por esse costume (mas não fique chateado se não tiver recebido um presente de um conhecido japonês, pois há exceções).

No Japão, há um *éthos* generalizado de se esforçar para agradar alguém. Na antiga capital do país, Quioto, existe uma bela tradição de se comprar doces não para si mesmo, mas como agrado para os convidados de uma cerimônia do chá. O respeitado dono de uma tradicional confeitaria de Quioto me disse que a proporção de doces comprados para si e para os outros é significativamente mais alta nesse segundo caso. Fazer algo para o prazer do outro é uma das tradições mais sólidas da versão japonesa do estoicismo.

Mas também é importante notar aqui que agradar ao outro não é uma ação inteiramente altruísta. O ditado "Uma mão lava a outra" é perfeitamente aplicável ao Japão. Quando você leva um *miyage* a alguém, ou oferece doces em uma cerimônia do chá, esse gesto pode vir acompanhado de uma expectativa de favores sociais no futuro, ainda que de modo ambíguo e indireto. E, assim como no caso dos macacos, isso pode ser algo muito sério. Durante o tempo dos samurais, era comum que os guerreiros trocassem *miyage* e oferecessem doces uns aos outros em cerimônias do chá, enquanto discutiam alianças e traições. Para eles, isso era uma gestão social da mais alta importância, que muitas vezes resultava em destinos bifurcados entre a vida e a morte.

No ato de criar laços sociais, o "jogar conversa fora" é de vital importância. Uma discussão voltada a compromissos ou negociações dificilmente estreita vínculos. Em uma reunião de trabalho, por exemplo, onde se negociam volumes e preços de mercadorias, costuma-se não compartilhar informações sobre a vida pessoal. É apenas quando se trocam impressões sobre assuntos triviais — esportes, clima, entretenimento, comida etc. — que a verdadeira personalidade se revela, permitindo que um vínculo social comece a se formar. Jogar conversa fora é um tipo de *grooming* social entre humanos.

Na cultura japonesa, há uma excelente tradição chamada *zatsudan*, que significa literalmente "conversas variadas". Ao contrário de jogar conversa fora, cuja designação já sugere que o conteúdo possa ser descartado como trivial ou insignificante, o *zatsudan* reconhece a diversidade de temas que vão além das necessidades profissionais e pelos quais podemos nos interessar, sendo valorizado como uma "cola" social. No Japão, fazer *zatsudan* diante de uma xícara de chá é considerado um grande ato social, realizado nos mais diversos contextos: de encontros cotidianos a cerimônias do chá, do convívio entre cidadãos comuns ao recebimento de dignitários estrangeiros pelo imperador no Palácio Imperial. *Zatsudan* é uma excelente forma de *grooming* social, e poderia ser adotada em todo o mundo como meio de criar vínculos.

Para algumas pessoas, esse processo de criar vínculos é intuitivo, e por isso elas conseguem expandir suas redes sociais com facilidade. Já outras têm dificuldade de se comunicar com muita gente. Sua sofisticação no ato de criar laços sociais, talvez mais do que em qualquer outra atividade, determina como você acabará posicionado socialmente. Isso exige a mais elevada forma de inteligência social: se você for indiscriminado demais ao formar vínculos, poderá ter muitos amigos, mas não verdadeiros. Se conviver apenas com almas afins, poderá formar um círculo muito coeso, mas nada além disso. É importante manter um portfólio de relacionamentos sociais que vá de amizades íntimas a conhecidos. Ao criar laços com uma gama heterogênea de pessoas, você fortalece e torna mais sustentável sua rede de contatos.

No mundo moderno, à medida que nossos círculos sociais se expandem — quer queiramos, quer não —, distribuir nossos recursos entre os diversos tipos de relações, reais e virtuais, atuais e potenciais, tornou-se uma tarefa genuinamente difícil. Na versão tradicional do estoicismo, a pessoa estoica podia ser solitária: a imagem do santo estoico, dedicado em isolamento a tarefas espiritualmente valiosas, logo vem à mente. Isso podia ser visto como algo positivo, em especial no contexto de uma rigorosa ordem religiosa ou da autodisciplina exigida nos estudos acadêmicos. Contudo, na era moderna, muitos de nós, mesmo sem participar presencialmente de encontros, mantemos contato com inúmeras pessoas pelas redes sociais. Nesse sentido, somos todos "festeiros virtuais", em vez de santos solitários, e precisamos empregar toda a capacidade estoica de nosso cérebro para administrar nossas redes de contato.

No cérebro, há uma função cognitiva chamada teoria da mente. É ela que nos permite ler o estado mental do outro. Trata-se, essencialmente, de uma representação interna e abstrata daquilo que as pessoas sentem e pensam, o que pode ser bem diferente da interpretação direta de seu comportamento externo. Por exemplo, uma pessoa pode estar se sentindo triste, mas sorrir intencionalmente. Na teoria da mente, tentamos perceber o que o outro sente e pensa de verdade. Embora ainda haja debates, cientistas cognitivos e neurocientistas acreditam que apenas os seres humanos possuem as habilidades da teoria da mente plenamente desenvolvidas.

Nos últimos anos, a neurociência desvendou alguns dos mecanismos neurais envolvidos na teoria da mente: há um grupo de neurônios chamados neurônios-espelho, localizados no córtex pré-frontal, que refletem as ações da própria pessoa e dos outros como se fosse um espelho. Os neurônios-espelho estão envolvidos não apenas na leitura dos estados mentais alheios, mas também na compreensão da mente em si. O fato de que usamos espelhos internos, nos quais tanto o eu quanto os outros são refletidos, para chegar a um entendimento de si mesmo talvez seja uma das descobertas mais inspiradoras da neurociência, ou mesmo de qualquer ramo da ciência, nos últimos anos.

À medida que interagimos com pessoas na internet, precisamos usar múltiplos espelhos para refletir a nós mesmos e aos outros. A teoria da mente precisa se expandir e se tornar teorias da mente, a fim de representar com êxito os muitos e diversos tipos de pessoas que passamos a conhecer on-line. Para citar Yoko Ono, em sua coletânea de obras de arte de 1964, *Grapefruit*: "Em vez de obter um espelho, obtenha uma pessoa. Olhe dentro dela. Use pessoas diferentes. Velhas, jovens, gordas, pequenas etc.".

Nas ciências cognitivas e psicológicas e neurológicas, há várias abordagens consolidadas para classificar a diversidade humana. Por exemplo, o Big Five, ou também conhecido como modelo OCEAN de traços de personalidade, descreve a variabilidade entre as pessoas em termos de cinco dimensões (abertura à experiência, conscienciosidade, extroversão, afabilidade e neuroticismo).[2] Na verdade, talvez estejamos constantemente criando nossas próprias terminologias e memes pessoais para descrever a incrível profusão de *personae* que encontramos tanto na vida real quanto na internet: nerd, geek, otaku, gamer, *soccer mom* (termo comum nos Estados Unidos para se referir a mães que dedicam seu tempo para levar os filhos aos treinos de futebol), mãe tigre, pai esportista, pai de artista... A pura complexidade dessa rede de pessoas, e a tarefa de socializar com essa multidão, é algo impressionante, e um problema profundamente humano e contemporâneo.

Nós, seres humanos, avançamos muito desde os dias em que nossos ancestrais faziam *grooming* social uns nos outros nas savanas, mas certos traços genéricos ainda persistem. Embora a complexidade das interações sociais tenha mudado, permanecemos, em essência, muito humanos, criando laços uns com os outros por meio de uma infinidade de conversas fiadas ou *zatsudans*, diante de uma xícara de chá ou café, como verdadeiros estoicos.

---

2 Os cinco traços de personalidade formam o acrônimo OCEAN em inglês: **o**penness, **c**onscientiousness, **e**xtraversion, **a**greeableness e **n**euroticism. (N. T.)

CAPÍTULO 13

ESTOICISMO E PLANETA TERRA

Há no YouTube um vídeo maravilhoso intitulado *Falcon Heavy Animation*, publicado pela SpaceX em 5 de fevereiro de 2018. Trata-se de um filme, feito por computação gráfica, que retrata a missão planejada do *Falcon Heavy*, um foguete que foi projetado, fabricado e operado pela SpaceX. O vídeo mostra como os propulsores laterais seriam reutilizados, retornando com segurança à Terra. Mostra também como o boneco Starman, posicionado no banco do motorista de um carro Tesla Roadster, seria lançado ao espaço sideral como carga.

Depois, em 10 de março de 2018, a SpaceX publicou outro vídeo, intitulado *Falcon Heavy & Starman*, mostrando a missão de lançamento real do *Falcon Heavy*. Pessoas estão reunidas em torno da base de lançamento, os elementos finais do monstro gigante e complicado que é o *Falcon Heavy* são instalados por técnicos em um vídeo em *time-lapse*, e o foguete decola da plataforma de lançamento, agora de verdade. Gwynne Shotwell, diretora de operações da SpaceX, aparece se levantando de sua cadeira no centro de controle da missão e erguendo os braços em triunfo no momento do lançamento bem-sucedido. O boneco Starman, sentado em seu Tesla

Roadster, é visto flutuando e navegando contra o fundo azul da Terra, agora de verdade e supostamente a caminho de Marte. Em seguida, os propulsores laterais retornam com sucesso à Terra. Um engenheiro uniformizado aparece diante deles no vídeo, prestando reverência. Por fim, vemos o Starman navegando pela vastidão do espaço. No painel do Tesla Roadster, aparece a mensagem: *Made on Earth by humans* (Feito na Terra por humanos).

Há algo comovente em assistir a esses dois vídeos, ambos ambientados com a maravilhosa música "Life on Mars?", de David Bowie. A animação computadorizada detalhando a missão do *Falcon Heavy* é um exemplo marcante de visualização científica e tecnológica. E o fato de que as pessoas da SpaceX realmente conseguiram realizar aquilo, lançando o foguete e colocando o Starman e o Roadster no espaço sideral apenas um mês depois, é impressionante.

Sim, foi um caso de publicidade indireta em escala cósmica, mas, ainda assim, há algo genuinamente notável na forma como os propulsores laterais, trazendo as marcas visíveis de queimaduras e do estresse da reentrada na atmosfera terrestre, por fim retornam com sucesso à plataforma de lançamento.

Talvez haja uma inquietação persistente, quiçá irresolúvel, em relação aos programas espaciais, incluindo os operados pela SpaceX. É emocionante acompanhar o avanço na exploração humana do espaço sideral, mas é legítimo dizer que primeiro precisamos cuidar de nossos problemas aqui na Terra. Mesmo no auge da empolgação com o primeiro pouso na Lua pela Apollo 11, em 1969, quando Neil Armstrong pronunciou as famosas palavras: "É um pequeno passo para o homem, um salto gigantesco para a humanidade", já havia vozes pedindo que a energia investida no programa Apollo fosse redirecionada para resolver problemas mais urgentes e mais próximos da realidade humana.

Talvez os dois lados tenham razão. Os seres humanos demonstram audácia ao se lançarem no espaço, e a missão da Apollo 11 e o pouso na Lua foram uma conquista verdadeiramente inspiradora. A famosa foto do nascer da Terra (*Earthrise*, em inglês), que mostra nosso planeta-mãe azul surgindo no horizonte lunar, transformou a percepção que temos de nosso lugar no universo. Passamos a ter mais consciência do fato de que nossas atividades diárias, por mais triviais que pareçam, acontecem no planeta Terra, que, por sua vez, é apenas um minúsculo ponto azul na vastidão do cosmos. Depois de ver uma cena como essa e refletir sobre o significado das palavras de Neil Armstrong, ninguém poderia dizer que a exploração espacial que culminou na Apollo 11 foi de todo inútil.

A jornada da humanidade pelo espaço sideral ainda não terminou, e os argumentos a favor e contra a exploração espacial provavelmente continuarão enquanto existir a civilização humana. Talvez seja tarefa do estoicismo investigar essa questão a fundo e encontrar um equilíbrio, ou *nagomi*, entre o que está ligado à Terra e o que está ligado ao espaço. É por isso que escrevo este capítulo.

Seria justo dizer que a necessidade de autodomínio estoico cresce à medida que a magnitude das atividades humanas continua a afetar de maneira significativa o meio ambiente da Terra, e precisamos de uma filosofia estoica voltada para o planeta nesta era de exploração espacial. A ativista sueca Greta Thunberg, que faz campanha pela necessidade de cuidarmos do meio ambiente terrestre, é uma verdadeira estoica. Todos os estoicos deveriam ouvir o que Greta Thunberg tem a dizer, ainda que discordem dela em pontos específicos. O estoicismo tem a ver com usar energia, força, atenção, emoção e recursos com equilíbrio sistêmico, de modo que nossas ações estejam alinhadas com o ambiente maior que nos cerca. Conforme a capacidade humana de manipular e transformar o meio ambiente se expande, precisamos ser mais inteligentes e contidos no uso desse nosso poder. Isso é estoicismo no contexto contemporâneo. De fato, Greta Thunberg é a mais recente em uma longa linhagem de portadores de tocha nessa corrida para fazer os seres humanos evoluírem e se comportarem ao mesmo tempo, linhagem essa que remonta a Sócrates.

Os conservadores talvez acusem Greta Thunberg de ser eloquente e progressista demais. Na verdade, ela defende uma visão que sempre foi de importância central para nós, humanos, ao longo da história, e que é de essência profundamente conservadora (com "c" minúsculo). Para que a civilização humana seja sustentável, precisamos ser menos agressivos no modo como utilizamos os recursos energéticos do planeta. À medida que nossos poderes aumentam e a Terra se torna pequena diante de nossas ambições, devemos cuidar com extremo zelo da Mãe Natureza, a base segura para todas as nossas explorações.

A ciência humana avança de maneira notável, mas o fato é que ainda sabemos muito pouco sobre o planeta Terra. Conservar a floresta tropical é relativamente fácil de compreender; seu espetáculo de biodiversidade, que inclui borboletas coloridas, aves exóticas e macacos que gritam e saltam, deixa evidente a importância que ela tem no ecossistema terrestre. No entanto, mesmo ambientes aparentemente áridos, menos atraentes aos olhos humanos, abrigam tesouros ocultos de ecossistemas que faríamos bem em respeitar.

Nos últimos anos, a mineração em águas profundas tem ganhado cada vez mais atenção devido ao potencial de acesso a enormes quantidades de minerais como manganês, níquel, cobre, cobalto e zinco. Esses minerais são indispensáveis para tecnologias como painéis solares e solares, e circuitos integrados, produtos considerados cruciais para que a civilização humana alcance um novo patamar, ao mesmo tempo que se torna mais sustentável.

À primeira vista, a mineração em águas profundas parece bastante simples e direta. Há objetos no fundo do oceano, com o formato de bolas de golfe, chamados nódulos polimetálicos, e a mineração consistiria em recolhê-los e trazê-los à superfície. As profundezas do oceano (em geral de milhares de metros abaixo da superfície) apresentam alguns desafios, mas, com a tecnologia robótica moderna, não são intransponíveis. O problema é que cientistas descobriram um ecossistema rico e complexo no fundo do mar. Há espécies únicas ali que não existem em nenhum outro lugar e desempenham papéis indispensáveis na manutenção do ambiente, não apenas ao redor do leito oceânico, mas do oceano como um todo. Para complicar ainda mais, muitas dessas espécies dependem justamente dos nódulos polimetálicos, os mesmos que a mineração pretende remover, como habitat e fonte de alimentação. Como consequência dessas descobertas, há um debate acalorado em torno da mineração planejada, por exemplo, na zona Clarion-Clipperton, no oceano Pacífico, considerada uma das maiores reservas de nódulos polimetálicos do mundo.

Quanto mais compreendemos a teia intrincada do ecossistema terrestre, menos confiantes nos tornamos de que nossas atividades econômicas não o afetarão de maneiras indesejadas e negativas. Sem dúvida, alguns adotam uma postura displicente diante do dilema entre desenvolvimento e conservação, mas há um número cada vez maior de pessoas que adotam uma atitude mais comedida e contida sobre como nós, humanos, devemos fazer uso do planeta Terra.

Em 2017, eu estava participando da conferência TED em Vancouver, no Canadá, e houve um diálogo entre Chris Anderson, curador do TED, e Elon Musk. Musk basicamente defendia a visão de que, para não nos extinguirmos como espécie, precisamos espalhar a população humana para além da Terra, primeiro para estações espaciais e a Lua, depois para Marte e, por fim, para outros pontos do sistema solar, e então para regiões mais distantes da galáxia. Como não sabemos o que vai acontecer com a Terra, argumentou ele, sem dúvida alguma precisamos de um plano B — ou, literalmente, de um planeta B — como parte de um plano de contingência global para a humanidade.

Musk já expressou diversas vezes sua opinião de que, além de espalhar a espécie humana como medida de segurança contra a possível extinção, o projeto marciano carrega o significado de expandir a consciência humana pelo universo. Ele acredita que, se a consciência humana atingir uma escala cósmica, talvez possamos nos aproximar da resposta para as derradeiras perguntas sobre a vida, o universo e tudo mais, algo como o título de um dos romances preferidos de Musk, da trilogia *O guia do mochileiro das galáxias*, de Douglas Adams (como a série é popularmente conhecida; ou hexalogia, já que são, na verdade, seis livros).

Segundo análise, todas as atividades empresariais de Elon Musk, seus avanços tecnológicos e seus recursos sociais, da Tesla ao X (antigo Twitter), passando pela SpaceX, têm como objetivo final ajudar a humanidade a migrar para Marte e além. Musk é certamente um megalomaníaco, mas um megalomaníaco com um histórico notável de realizar aquilo a que se propõe.

Vejo aqui duas atitudes distintas. De um lado, há uma postura que trata as coisas, inclusive nosso planeta, como descartáveis, objetos de tentativa e erro, e que, diante do fracasso de uma tentativa, pode-se simplesmente partir para a próxima. Do outro lado, há um chamado para respeitar o planeta como algo insubstituível, único, e preservá-lo até o fim, aconteça o que acontecer. Antes de considerar e optar por um planeta B, deveríamos cuidar melhor do nosso desde já.

A verdade é que não podemos prescindir do planeta Terra, por mais avançados que nos tornemos do ponto de vista tecnológico. Se um ser humano pensa que a Terra é dispensável, é mais provável que seja o contrário. A Terra não se importaria se uma corrida pelas IAs levasse à singularidade tecnológica, ao pós-humanismo ou ao transumanismo. (Pós-humanismo e transumanismo são especulações tecnológicas propostas por alguns teóricos sobre o que poderia surgir depois, ou além, dos humanos quanto a sistemas de inteligência digital, como IAs e robôs.) Para o planeta, isso seria apenas uma reorganização de musgos em sua superfície.

A Terra também não se importa com o aquecimento global. Os mais afetados seremos nós, humanos. Afinal, segundo as teorias científicas mais recentes, o planeta já passou por períodos de "Terra Bola de Neve", nos quais esteve com a superfície coberta de gelo e neve, inclusive os trópicos. Depois do último desses períodos, há cerca de 530 milhões de anos, houve um aquecimento global acelerado e uma ampla variedade de formas de vida surgiu, em um processo conhecido como explosão Cambriana. Não importa que loucuras nós, humanos, possamos cometer, nada disso faz diferença para a Terra. Nós não somos tão importantes assim.

Do ponto de vista humano, é claro que o que fizermos daqui em diante importa, mas dentro da nossa modesta escala humana. É por isso que precisamos ouvir Greta Thunberg. É por isso que precisamos ser estoicos. E precisamos nos conectar à Terra.

Aliás, há dúvidas se o plano de migrar parte da humanidade para Marte de fato se materializará, por causa do eixo cérebro-intestino. A microbiota do intestino é de importância crucial, não apenas para o funcionamento do próprio intestino, mas também para o cérebro, com o qual ele interage por meio desse eixo. A flora intestinal, que inclui bactérias, arqueias (arqueobactérias), fungos e vírus, provém do ambiente terrestre. Nosso corpo inteiro é como um tubo, de topologia equivalente a uma minhoca, e o espaço interno do intestino é, de certo modo, *externo* ao nosso corpo, em continuidade com o meio ambiente. Se, e quando, alguns de nós migrarem para Marte, a questão será como levar conosco essa microbiota rica e complexa. O ser humano não pode simplesmente migrar para Marte sozinho. Precisamos levar a Terra conosco, encapsulada dentro do intestino. Portanto, no fim das contas, não existe planeta B. Essa deveria ser nossa intuição visceral.

Talvez Elon Musk devesse jantar com Greta Thunberg em um tradicional *kaiseki* japonês. Alguém capaz de apreciar o vasto ecossistema terrestre por trás dos variados ingredientes de uma típica refeição *kaiseki* certamente pode ter sua arrogância tecnológica um pouco refreada.

Quando penso na relação entre as pessoas e a Terra, às vezes me lembro da obra-prima de Ernest Hemingway, *O velho e o mar*. Nesse grande romance, o velho encara a Mãe Natureza frente a frente, sozinho, sem a ajuda de nenhuma tecnologia. Pela maneira como usa energia, recursos, atenção e ações para se alinhar ao ambiente terrestre, ele é um verdadeiro estoico. Nem lhe passaria pela cabeça a ideia de um planeta B. A Terra é seu universo inteiro. Ele é um estoico ligado à Terra, como espero que todos nós possamos ser.

CAPÍTULO 14

ESTOICISMO E UNIVERSO

Em 1999, os psicólogos sociais estadunidenses Justin Kruger e David Dunning publicaram em conjunto um artigo intitulado "Unskilled and Unaware of It: How Difficulties in Recognizing One's Own Incompetence Lead to Inflated Self-Assessments" [Inábil e inconsciente disso: como as dificuldades em reconhecer a própria incompetência levam a autoavaliações infladas], no qual descreveram a descoberta de que os menos habilidosos são excessivamente confiantes e tendem a superestimar seus desempenhos, enquanto os mais habilidosos são humildes e tendem a subestimar as próprias capacidades. Essa descoberta, que ficou conhecida como efeito Dunning-Kruger, tornou-se muito conhecida entre o público geral e tem sido usada para explicar comportamentos que denotam excesso de confiança em pessoas, que vão de políticos a trolls da internet. O estoico, desnecessário dizer, se esforça para estar livre do efeito Dunning-Kruger.

Sócrates, o pai do estoicismo, sempre ressaltava que nada sabia, atitude que ficou conhecida como ignorância socrática. Ser inteligente é uma empreitada em aberto, e quanto mais você sabe, menos confiante sobre o mundo você se torna. O conhecimento é uma das formas de lidar com o desconhecido, e, à medida que seu conhecimento se aprofunda, mais consciente você se torna da própria ignorância. Isaac Newton foi, indiscutivelmente, uma das pessoas mais inteligentes da história da humanidade, e ainda assim esta reflexão muito modesta sobre o que ele alcançou nos revela a humildade que sempre acompanha um grande intelecto:

> *Não sei como posso parecer ao mundo, mas para mim mesmo pareço ter sido apenas como um menino brincando na praia, divertindo-me em encontrar aqui e ali um seixo mais liso ou uma concha mais bela que o comum, enquanto o grande oceano da verdade jazia, todo por descobrir, diante de mim.*

No contexto da composição da inteligência humana, falamos de incerteza newtoniana: quanto mais sabemos, mais incerto o mundo se torna. Quando mencionou o "grande oceano da verdade [...] por descobrir", Newton talvez tenha tido uma premonição do que poderia acontecer muito depois de seu tempo neste mundo terminar, com domínios associados de incerteza. Dentro dessa incerteza está a teoria da relatividade desenvolvida por Albert Einstein, que superou o conceito newtoniano de espaço-tempo. E Einstein, por sua vez, teve uma premonição semelhante do desconhecido. Ele comentou certa vez:

> *A coisa mais bela que podemos vivenciar é o misterioso. Ele é a fonte de toda a verdadeira arte e ciência. Aquele a quem a emoção é uma estranha, aquele que não consegue mais fazer uma pausa para se maravilhar e permanecer envolto em admiração, está praticamente morto — seus olhos estão fechados.*

"O misterioso" de Einstein corresponde ao "grande oceano da verdade [...] por descobrir" de Newton. E agora, mais de cem anos depois de Einstein publicar, em 1915, a teoria da relatividade geral, que explicou a estrutura do espaço-tempo do universo, físicos e cosmólogos discutem com seriedade as implicações da matéria escura e da energia escura, aspectos inesperados e misteriosos do universo que Einstein, por sinal, introduziu. A ideia de uma constante cosmológica para explicar as propriedades do universo observado foi sugerida por Einstein em 1917, mas ele a chamou, mais tarde, de o "maior erro" de sua vida. A energia escura, basicamente a energia do vácuo, é considerada agora um renascimento com força total da constante cosmológica de Einstein. Observando bem, a constante cosmológica de Einstein é matematicamente equivalente às ideias contemporâneas de matéria escura e energia escura. O problema é que ninguém entende a natureza exata dessa misteriosa propriedade do espaço-tempo — ainda. É ótimo que os seres humanos tenham feito um progresso imenso na compreensão do universo, mas, ao mesmo tempo e mais do que nunca na história, estamos cientes de nossa absoluta ignorância sobre o mundo que habitamos.

Ao discutir os méritos da humildade inteligente, talvez seja apropriado referir-se a pessoas que enfrentaram os problemas do universo, como Newton e Einstein, pois nada nos torna mais humildes do que refletir sobre nosso lugar no universo. Marco Aurélio, em *Meditações*, escreve várias vezes sobre o vazio cósmico que cerca nossa vida. Nós, humanos, podemos ter às vezes a arrogância de acreditar que somos senhores de tudo, mas a realidade é que somos apenas uma parte insignificante do cosmos como um todo. Não estamos no centro do universo. Somos, na verdade, apenas um grão de areia no grande oceano da existência.

O princípio da mediocridade, originalmente atribuído ao astrofísico alemão Sebastian Rudolf Karl von Hoerner, afirma que não deve haver nada de especial nos humanos. Em 1961, Von Hoerner observou que "Qualquer coisa que pareça única e peculiar em nós é, na verdade, uma entre muitas e provavelmente mediana". Há um raciocínio estatístico por trás da avaliação humilde de von Hoerner quanto à humanidade. Se pegarmos uma amostra aleatória do universo, é estatisticamente provável que ela seja mediana. Aconteceu de vivermos neste sistema solar, e não em outro, mas sua evolução e composição provavelmente se mostrariam bastante medíocres entre os muitos sistemas semelhantes no universo. Da mesma forma, a evolução da vida que resultou na humanidade também seria considerada bastante mediana. A conclusão é que não deve haver nada de unicamente especial nos seres humanos, embora tendamos a supor que há.

O princípio da mediocridade nos dá a justificativa estatística para sermos humildes. É uma versão estatística do estoicismo, se você preferir.

E talvez possa, também, nos fazer sentir impotentes.

A vasta extensão do universo é intimidante de se contemplar. Sêneca lamentava a brevidade do tempo. Quando as pessoas ao nosso redor dizem isso, em geral querem dizer que desperdiçamos tempo demais fazendo coisas sem sentido, e talvez seja, de fato, o que aconteça. Mas Sêneca se referia a isso de maneiras mais absolutas. E ao contemplarmos a natureza do tempo, como revelada pela ciência hoje, na escala cósmica, seu lamento parece justificado. O universo tem cerca de 13,8 bilhões de anos, ao passo que nosso tempo pessoal aqui gira em torno de cem anos, no máximo. Como estoicos, é impossível não notar que o quadro que a ciência desenha do universo hoje é um tanto quanto desconcertante.

A física moderna sugere que nossa existência é literalmente um milagre equilibrado sobre uma condição muito frágil. A teoria do multiverso, um modelo cheio de controvérsias e ainda assim poderoso do mundo como o conhecemos, diz que nosso universo em particular é apenas um de uma multidão de mundos possíveis que poderiam existir e que, talvez, de fato existam. Estamos todos aqui porque parâmetros físicos como a constante gravitacional, a massa do elétron e a carga elétrica na Terra estão finamente ajustados, na medida certa. Se os parâmetros relevantes fossem alterados, mesmo que ligeiramente, o universo teria se formado de maneira diferente, sem estrelas como o Sol para emitir energia ou planetas como a Terra para iniciar a vida. O universo seria apenas uma extensão estéril e desinteressante do espaço, e a vida como a conhecemos não seria capaz de existir de forma alguma. A essência da teoria do multiverso é de que não há qualquer razão especial para que os parâmetros físicos do nosso universo tenham favorecido a vida na Terra, cuja evolução culminou na humanidade. Os parâmetros e o universo poderiam ter sido configurados de inúmeras maneiras, e existem outros universos com parâmetros diferentes. Apenas aconteceu de vivermos em um deles, que por acaso é favorável à nossa existência.

E tem mais: vivemos em um momento milagrosamente cronometrado deste universo em particular. Desde o Big Bang, há cerca de 13,8 bilhões de anos, o universo tem se expandido. Evidências recentes sugerem que a expansão está, na verdade, acelerando devido à existência misteriosa das já mencionadas energia escura e matéria escura. Atualmente, não temos uma explicação teórica definitiva de por que a energia escura e a matéria escura existem, mas precisamos supor sua existência para explicar a formação e os comportamentos dos corpos estelares, incluindo a multitude de galáxias no universo. De qualquer forma, se acreditarmos em nossa compreensão atual do universo, é provável que ele continue se expandindo de forma acelerada, até que, daqui a bilhões de anos, meras cinquenta vezes sua idade atual de 13,8 bilhões, segundo algumas estimativas, haverá apenas alguns poucos pedaços remanescentes de matéria com vastas distâncias entre eles, e todo o universo será apenas um deserto vazio, para todo o sempre.

Há algo de cruel e absurdo no quadro que a física e a cosmologia modernas pintam para o futuro do nosso universo. É cruel porque toda forma de vida, incluindo a vida humana, está fadada a ser destruída ou a evaporar. É absurdo porque o universo não se importa com essas coisas. O universo não se importa com o fato de estarmos aqui, discutindo o estoicismo juntos, nesta difícil conjuntura da história humana. No entanto, há também algo paradoxalmente reconfortante no fato de que, não importa quanto tentemos, não importa que medidas possamos adotar, o nada é a trama básica da realidade para este universo, e para toda a humanidade. Daqui a muitos anos, ninguém, ou nada no universo, se lembrará de nós, assim como não nos lembramos das inúmeras vidas que vieram antes de nós.

Esse tipo de pensamento é território do matemático e filósofo francês do século XVII, Blaise Pascal. Pascal, que certamente era um estoico, sugeriu em seus escritos que somos apenas um caniço, exposto às forças brutais do universo. Aqui estão suas famosas palavras:

> *O ser humano é apenas um caniço, o mais frágil da natureza; mas é um caniço pensante. Não é necessário que o universo inteiro se arme para esmagá-lo; um sopro,*

uma gota d'água bastam para matá-lo. Mas, mesmo que o universo o esmague, o ser humano ainda é mais nobre do que aquilo que o destrói, pois sabe que está morrendo, e compreende a vantagem que o universo tem sobre ele. O universo, ele, nada sabe.

Com elas, o grande pensador capturou a condição essencial de nossa existência neste universo. Estamos à mercê das forças brutais da natureza, e nossa consciência é como um minúsculo peixe *medaka* em uma pequena poça, formada por uma chuva passageira no entardecer de uma terra antes escaldante. Nosso domínio habitável do espaço-tempo é muito limitado e logo secará. No entanto, enquanto a pequena poça d'água durar, o peixe *medaka* fará o seu melhor para viver, se alimentar e se propagar. Essa é a exata situação em que nos encontramos, e nossa visão de mundo precisa estar alinhada com essa realidade. Isso é, na verdade, central ao espírito do estoicismo.

Mas espere. Há uma fresta de esperança nessa nuvem escura de niilismo existencial e cósmico. Embora a interpretação do universo aqui apresentada seja, sem dúvida, severa, ela pode, paradoxalmente, levar a uma visão de mundo otimista, se a abraçarmos de uma perspectiva estoica. Pois quanto mais sombrio é o quadro do universo como um todo, mais brilhante, preciosa e valiosa nossa própria vida parece ser. À medida que abraçamos a breve e precária existência que temos na vastidão do espaço-tempo que chamamos de universo, a sensação de viver no aqui e agora não é tão ruim.

É um milagre. Uma piada. Absurdo.

É, de fato, o ponto máximo da visão cósmica do absurdo.

Certa vez, tive a maravilhosa experiência de conversar com Matt Lucas e David Walliams quando eles fizeram uma visita a Tóquio. Os comediantes estavam no auge da fama como criadores e protagonistas de *Little Britain*. Muitas coisas neles me impressionaram profundamente. Um dos pontos altos em nosso encontro foi quando Matt Lucas disse que, para ele, a comédia se originou como um mecanismo de defesa. Na escola, ele era alvo de risadas frequentes. Em vez de se permitir ser vítima do riso malicioso, Lucas recorreu a uma solução mais criativa. Começou a *fazer* as pessoas rirem.

Muito possivelmente, o universo não se importa o suficiente com a humanidade nem mesmo para rir de nós. Mas talvez possamos usar o riso como nosso mecanismo de defesa cósmico.

O guia do mochileiro das galáxias, de Douglas Adams, é uma das melhores defesas cômicas contra o absurdo do universo. Há nele uma famosa trama na qual a humanidade pergunta a um supercomputador a resposta para a "Questão fundamental sobre a vida, o universo e tudo mais". Após 7,5 milhões de anos de cálculos, os humanos se reúnem ao redor do computador para finalmente saber a resposta. Primeiro, o computador responde "42". Então, ao notar que os humanos não estavam inteiramente impressionados ou convencidos com sua resposta, o computador sugere que eles mesmos calculem a "Questão fundamental sobre a vida, o universo e tudo mais". Assim, a Terra é configurada como um supercomputador para fazer isso, mas, infelizmente, apenas cinco minutos antes de o cálculo ser concluído, o planeta é destruído para dar lugar a um novo desvio hiperespacial.

O riso cósmico, como retratado em *O guia do mochileiro das galáxias*, é uma reação maravilhosa à situação fundamentalmente absurda em que nos encontramos neste universo. Quando pensamos no universo como um todo, nós, humanos, literalmente não importamos. Eu não importo, você não importa, ela não importa, ele não importa e eles não importam. Nada importa. Essa situação requer um espírito cômico, um pouco de riso, muito riso, na verdade. Quanto mais profundo se torna nosso desespero diante do absurdo que é o universo, mais explosiva precisará ser a manifestação de nosso espírito cômico. Sócrates tinha um grande senso de humor. Um estoico deve rir.

CAPÍTULO 15

ESTOICISMO E ACEITAÇÃO DA MORTE

No Japão, os samurais tinham a filosofia de que era preciso aceitar a própria morte quando a honra assim exigisse. O *Hagakure*, um livro do século XVIII que fala do *bushidō*, código de ética dos samurais, descreveu-o como um modo de morrer e declarou que "o caminho do guerreiro é o caminho para a morte". Desnecessário dizer que a morte de um samurai não devia ser um ato aleatório e insignificante. O *bushidō* consistia em reconhecer aquele momento preciso de autoaniquilação, mais tipicamente no decorrer de uma batalha contra um inimigo, mas às vezes por meio do ato de *seppuku*, uma maneira honrosa de tirar a própria vida. Quando o momento chegava, estar preparado para abrir mão da própria vida era, para o samurai, a coisa certa a fazer. Nesse sentido, era uma forma suprema de se alinhar com algo maior que si mesmo; um verdadeiro espírito de estoicismo.

A abordagem samurai em relação à própria morte talvez não pareça muito apropriada no mundo de hoje. No passado, houve deturpações dos códigos de conduta declarados. A morte de Yukio Mishima por *seppuku* em 1970, com grande repercussão, deixou um gosto amargo na carreira literária deste romancista brilhante. No entanto, embora a maneira samurai de encarar a morte esteja aberta a muitos questionamentos e preocupações hoje, ela permanece um dos exemplos mais impressionantes da atitude de um estoico para com a morte, em um mundo onde o fim é inevitável para todos os seres vivos e onde há causas maiores que a própria vida.

A aceitação da própria morte pode ser considerada uma das marcas distintivas da atitude estoica. Na Grécia Antiga, Sócrates aceitou com calma a sentença de morte que recebeu do Estado. Da mesma forma, Sêneca aceitou quando o imperador romano Nero ordenou sua morte. E mesmo quando a causa da morte é natural, um estoico a aceitará com espírito de resignação. De fato, como estoico, aceitar o curso natural da própria vida e não lutar contra ele é um dos sinais supremos de maturidade.

E, não obstante, a atitude prometeica de alguns cientistas e tecnólogos de hoje parece ser o exato oposto, no sentido de que buscam superar a mortalidade da vida humana. A impressão é de que muitos realmente perseguem o objetivo ilusório da vida eterna. A ilusão é forte assim.

Contudo, dado que o universo está se expandindo com aceleração, e acabará por se tornar um vasto vazio sem nada de interessante acontecendo (ver capítulo 14), buscar a vida eterna não faz sentido.

Há quem diga que é um exagero descartar a possibilidade da vida eterna tendo como ponto de vista o destino do universo. Embora eu certamente entenda essa objeção, o estoicismo consiste em alinhar a própria vida com a verdade máxima do universo. Do ponto de vista estoico, buscar a vida eterna não passa de mais um objetivo que não nos representa. Tanto é que, se Sócrates estivesse vivo hoje, poderia interrogar alguém com esse objetivo usando o método socrático:

— O que você quer dizer com querer a vida eterna?

— De que vale se todos os outros morrerem e você for o único vivo?

— Você conhece o destino do universo?

— Quer dizer que você quer viver mais que o universo?

— Tudo bem viver para sempre, mas não ter existido antes de nascer?

Encontrei apenas uma pessoa que respondeu afirmativamente à pergunta sobre viver mais que o universo. Eu lecionava na Universidade de Artes de Tóquio já havia um tempo, e certa vez o artista conceitual japonês Shusaku Arakawa veio dar uma palestra. Para uma turma de alunos encantados, Arakawa começou a falar apaixonadamente sobre arte. Ele declarou que buscava a vida eterna por meio dela, e falou com tanta força que gotículas de saliva se espalharam por toda parte. "Há bilhões de formas de vida em minha saliva", disse Arakawa. "Assim como essas criaturas minúsculas, eu nunca vou morrer. Mesmo quando o universo acabar, eu vou viver! Ah, sim, eu vou viver mais que o universo, através da minha forma de arte!" Poucos anos depois dessa promessa de vida eterna em uma sala de aula lotada na Universidade de Artes de Tóquio, Arakawa faleceu. Quando ouvi a notícia, o curioso foi que não senti nenhuma contradição. Talvez Arakawa esteja vivo, sabe-se lá como, e, de alguma maneira, ele *viverá* mais que o universo.

Alguns buscam alcançar a vida eterna por meio da ciência e da tecnologia. Já são conduzidas pesquisas sobre o upload da mente, para o qual os pesquisadores propõem escanear o cérebro humano de modo a obter informações sobre as conexões sinápticas entre os neurônios e, em seguida, carregar os dados para um computador digital. A proposta é que, ao realizar uma emulação cerebral completa, na qual a dinâmica das atividades neurais é reproduzida e simulada, uma cópia digital do cérebro possa ser criada. Há quem diga que isso daria origem a uma consciência digital que, ao contrário do cérebro real, poderia ser copiada e propagada pela eternidade.

Um dos problemas práticos de um upload da mente é que não é fácil obter dados sobre as conexões sinápticas de todo o cérebro. É sobretudo difícil fazê-lo com um cérebro vivo e em funcionamento. Alguns pesquisadores alegam que seria possível, em princípio, mapear a arquitetura da rede neural para dados digitais por meio de uma varredura usando microscopia e técnicas de reconstrução, mas isso teria que ser conduzido *post mortem*.

Em 2018, uma startup chamada Nectome ofereceu-se para escanear o cérebro das pessoas e carregar digitalmente os dados, com uma ressalva: era "cem por cento fatal". Depois de duras críticas da comunidade neurocientífica, o MIT Media Lab cortou relações com a startup.

O fato é que as alegações de upload da mente permanecem altamente especulativas, e a maioria dos pesquisadores que estudam o cérebro humano concordam que essa ideia, isto é, transferir dados do cérebro para criar uma consciência digital, provavelmente permanecerá uma quimera científica. Para começar, não está claro o que se entende por obter e carregar dados. Que dados? Pode-se adotar a visão de que seria necessário e suficiente obter os pesos sinápticos entre os neurônios e, em seguida, executar uma simulação de como evoluiria a dinâmica da rede neural. Nessa chamada abordagem conexionista, assume-se que os neurônios interagindo com sinapses são o equivalente da cognição e da consciência, mas essa é uma descrição incompleta do que realmente acontece no cérebro. Existem muitos outros parâmetros que podem ser relevantes para o cérebro real na geração da consciência. Dentro de um único neurônio, há uma infinidade de processos acontecendo — por exemplo, moléculas de água se movendo, proteínas colidindo umas com as outras, campos eletromagnéticos permeando todo o espaço e genes sendo transcritos e modificados. A partir dessa cacofonia de atividades, não há como dizer quais subconjuntos específicos de parâmetros são relevantes para a reprodução da consciência. Talvez precisemos de todos eles, em vez de simular apenas alguns.

E mesmo que se conseguisse capturar com sucesso todas as informações relevantes de um cérebro em um determinado momento (cuja viabilidade é duvidosa), há a questão de como simular a evolução temporal a partir daí. Uma diferença muito pequena na condição inicial, com o passar do tempo, poderia levar a uma diferença muito grande no estado do sistema, outro exemplo do efeito borboleta. Na realidade, qualquer simulação é apenas uma aproximação. Quando a simulação diz respeito ao clima, fazer uma aproximação tem sentido prático, como todos sabemos pelas previsões do tempo. Nesse caso, uma ideia aproximada de como será o tempo amanhã é melhor do que nenhuma. Não faz sentido, no entanto, dizer que vamos fazer uma aproximação da consciência de uma pessoa. Se o estado simulado de consciência difere da mente consciente real, o que isso quer dizer, afinal? Qual seria a verdadeira consciência: a pessoa real ou a simulada?

Por fim, há a questão das interações do cérebro simulado com o mundo exterior. Digamos que você pudesse obter com sucesso todas as informações sobre um cérebro, e pudesse executar com sucesso uma simulação mais ou menos precisa dele (o que é sempre uma aproximação), então o que aconteceria ao mundo exterior com o qual o cérebro interage?

Quando se trata de função cerebral, literalmente nenhum homem é uma ilha isolada. O cérebro é um sistema aberto e precisa interagir com o mundo para funcionar adequadamente. O upload da mente significa que também vamos simular o mundo? Ainda que simulássemos apenas o ambiente local, o alcance possível de interação se expandiria com a passagem do tempo; e o alcance possível de influência, especificamente, se espalharia com a velocidade da luz. Em princípio, se alguém quisesse simular dez anos de influências ambientais em um cérebro específico, teria que simular um mundo com um raio de dez anos-luz. Seria mesmo possível, ou, nesse caso, valeria a pena fazê-lo? Quanto mais se pensa sobre as premissas por trás do upload da mente, menos sentido ele faz. Pode-se argumentar que é uma das ideias mais ridículas da história da humanidade.

Os altos e baixos sobre o upload da mente, incluindo o fiasco da startup do MIT, reflete, para mim, uma doença maior do nosso tempo. Pessoas demais equiparam simulação à realidade. O estoicismo, como sabemos, consiste em se alinhar com a verdadeira natureza do universo. Um estoico leva a realidade a sério; a simulação, por outro lado, não tem nada a ver com ela *per se*. É a arte do faz de conta.

O problema não está no conceito de simulação em si. Simular algo para que possamos prever melhor o resultado tem uma enorme importância prática. Por exemplo, simular as tendências do aquecimento global devido à presença de dióxido de carbono fornece informações cruciais para o nosso futuro. Do controle de tráfego à economia global, a vida humana moderna é incapaz de funcionar sem simulações em grande escala, e méritos devem ser dados à ciência da simulação em geral.

Simulações, no entanto, não são coisas reais. Simulações são falsificações, com usos práticos para previsão. Uma das piores ilusões da mente humana é tomar uma falsificação pelo real, sobretudo no que diz respeito ao elemento mais essencial de nossa existência: a consciência.

No extremo mais absurdo dessa loucura pela simulação, existe a ideia de que o mundo inteiro, o universo inteiro em que vivemos, é uma simulação. Dizem alguns, entre eles o filósofo sueco Nick Bostrom, que é mais provável estarmos vivendo em uma simulação do que em um mundo real. Essa "hipótese da simulação" representa uma das premissas intelectuais mais vulneráveis e frágeis de nosso tempo. Ela mostra quanto alguns de nós se desviaram do caminho estoico, com o ceticismo de certo modo saudável exibido por Sócrates.

A falácia da hipótese da simulação reside no próprio fundamento do que uma simulação realmente significa. Existem pressupostos inerentes, compartilhados por pessoas que defendem o upload da mente e a hipótese da simulação, sobre o que é a informação, o que uma representação da informação acarreta e o que significa implementar fisicamente essa representação. Simular o clima global em um computador digital significa apenas que temos uma representação dele em chips de silício, cuja dinâmica pode ser interpretada para fazer previsões sobre o tempo. Não significa nada mais do que isso. Dizer que há algo que se possa chamar de clima real emergindo dessa simulação em chips de silício é uma falha cognitiva ingênua demais para ser levada a sério por um estoico. Sócrates teria achado isso uma grande e irônica piada.

Por fim, alguns dos que têm uma visão ingênua da simulação estão discutindo como preservar digitalmente e para sempre uma pessoa falecida, para que amigos e familiares em luto possam continuar interagindo com ela. Se acompanhou os argumentos neste livro, você verá de imediato as falhas em tal lógica (assim espero). É um esquema tristemente superficial e um sacrilégio contra a vida.

Eu entendo os motivos por trás de tais tentativas. Todos sentimos falta de nossos entes queridos quando eles partem. Embora seja bastante compreensível que alguns de nós desejem continuar interagindo com eles *post mortem*, seria difícil conceber maneiras de reproduzir e preservar, em qualquer sentido significativo, as impressões pessoais vívidas, os modos idiossincráticos e as interações sempre mutáveis de uma pessoa viva. A ideia de vida eterna digital pode ser uma das ilusões mais inúteis do nosso tempo, e mais triste ainda quando é supostamente aplicada à preservação da vida de uma pessoa falecida.

Quer você seja um imperador, um escravizado ou um cidadão comum, um cientista, um tecnólogo ou um samurai, a morte é inevitável. Se enxergarmos isso com clareza, poderemos viver uma vida estoica. Por outro lado, se deixarmos que o medo da morte nos turve a mente, isso pode levar a ilusões como as que discuti neste capítulo. Se acreditarmos nesses delírios, talvez tenhamos uma sensação momentânea de satisfação. No entanto, mais cedo ou mais tarde, a falsa sensação de segurança se evaporará, como uma fina camada de água sob o sol escaldante da realidade.

Do ponto de vista estoico, alinhar-se com a realidade é a única maneira de viver.

A vida não é uma simulação.

O universo não é uma simulação.

Nós não vivemos em uma simulação.

Ponto-final.

CAPÍTULO 16

O MELHOR DE TODOS OS MUNDOS POSSÍVEIS

O estoicismo é uma forma de viver em alinhamento com a realidade. Não há como escapar dela. Mas isso não quer dizer que sonhos e fantasias não tenham lugar na existência humana. Os adultos podem rir do pensamento fantasioso, mas há algo verdadeiramente humano em imaginar coisas fora da realidade deste mundo.

Eu tinha acabado de terminar a faculdade quando, certa manhã, voltava de uma viagem a uma das cidades no interior do Japão. Chegando ao Aeroporto Haneda, em Tóquio, entrei em um restaurante para tomar o café da manhã. Era perto da época das festas de fim de ano, em dezembro, e as decorações e luzes de Natal estavam montadas. No Japão, onde as pessoas têm atitudes mais ou menos descontraídas e abertas em relação a elementos culturais do exterior, o Natal é celebrado em grande estilo, embora apenas cerca de 1% dos japoneses se identifiquem como cristãos no sentido tradicional.

Havia uma família perto da minha mesa, incluindo uma menina com cerca de cinco anos e sua irmã mais nova, com cerca de três anos. Enquanto eu comia meu curry, ouvi a conversa delas.

— Como você acha que é o Papai Noel? — perguntou a menina de cinco anos à irmã mais nova. Sem esperar por uma resposta (talvez ela nunca esperasse uma), continuou: — Acho que o Papai Noel se parece com...

Senti-me tocado profundamente na hora, tão comovido que não consegui mais prestar muita atenção à conversa delas. Minha mente estava cheia de pensamentos.

Há algo genuinamente sincero na imaginação das crianças quanto a personagens imaginários como o Papai Noel. Existem descrições populares do Bom Velhinho: com uma barriga grande, barba branca, traje vermelho e risada alegre. No entanto, quando as crianças imaginam o Papai Noel, elas parecem ir além da imagem convencional. A imaginação infantil costuma correr solta, e isso talvez tenha muito a ver com a origem da criatividade. As crianças projetam seus desejos mais profundos no personagem do Papai Noel.

Como já discutimos, crianças precisam de uma base segura para o seu desenvolvimento. Claro, seria ótimo que essa fosse a realidade de toda criança, com cuidadores amorosos, em geral os pais, que, entre outras coisas, lhes dariam um presente no Natal. Contudo, nem toda criança tem a sorte de ter cuidadores amorosos. Algumas podem nem mesmo ter alguém por perto para amá-las ou lhes dar um presente na manhã de Natal. A ilusão do Papai Noel seria de grande ajuda para tais crianças. Desnecessário dizer que há limites para o que a imaginação, por si só, pode fazer, mas as crianças se desenvolvem com base em sua imaginação, como qualquer um que já foi uma (ou seja, todos nós) pode atestar. No mundo real, talvez elas não tenham uma base segura, mas o personagem imaginário do Papai Noel pode representar isso para elas. E mesmo para uma criança que tem pais amorosos, imaginar o Papai Noel pode fortalecer sua base segura e servir como reserva para tempos difíceis.

À medida que crescemos, em algum momento nos desencantamos, pelo menos no que diz respeito ao Papai Noel. Em alguns aspectos, os adultos podem continuar iludidos, às vezes de maneiras bastante sofisticadas e próprias da maturidade, mas deixar de acreditar no Papai Noel é, em geral, considerado um sinal de amadurecimento e o fim de uma infância saudável, ao menos nas culturas ocidentais. Por isso, foi de certo modo fascinante para mim descobrir o quanto o diretor e ator de teatro e cinema japonês Yukio Ninagawa se esforçou para manter viva a fantasia do Papai Noel para sua filha Mika Ninagawa, fotógrafa e diretora amplamente conhecida por seus próprios méritos. Certa vez, conversei com Mika em um programa de TV. Ao falar sobre o pai, ela me contou como, a cada ano, ele criava um roteiro e um cenário diferentes para o Papai Noel, apresentados com várias instruções para Mika seguir e de modo que sempre houvesse algumas surpresas que superassem suas expectativas. Por incrível que pareça, Ninagawa conseguiu com sucesso fazer a filha Mika acreditar no Papai Noel até depois de chegar à adolescência. É uma grande história de amor paternal mesclado com a genialidade de um diretor de teatro mundialmente reconhecido.

Mas como isso se encaixaria na abordagem estoica da vida, que se orgulha de ser baseada em fatos e realidades? Pensadores estoicos, incluindo Sócrates, Epicteto, Sêneca e Marco Aurélio, observaram repetidas vezes que é preciso aceitar o mundo como ele é. Precisamos reconhecer as pessoas ao nosso redor como elas são. Precisamos aceitar o fato de que ninguém é perfeito, incluindo nós mesmos. Mesmo quando descobrimos que o Papai Noel não existe, seguimos em frente, imergindo-nos no mundo prático, a menos que sejamos o grande diretor de teatro Yukio Ninagawa, e, nesse caso, fazemos um esforço extraordinário e tornamos a fantasia uma realidade para uma filha amada. Será que histórias como a do Papai Noel ressoam profundamente dentro de nós porque tornam nossa realidade um pouco mais suportável?

Karen Carpenter (famosa por integrar o duo Carpenters) cantou: "Eu peço perfeição a um mundo bastante imperfeito". Quem não faz isso? A sensação de que sabemos o que é um mundo perfeito, e que *este* é, na verdade, um mundo imperfeito, é uma das intuições mais fortes que temos desde a infância. Muitas culturas têm uma concepção de mundo perfeito. Na tradição cristã, há o Jardim do Éden, do qual Adão e Eva foram expulsos. Na tradição chinesa, há a utopia da Fonte do Bosque de Pessegueiros em Flor, um paraíso idílico onde as pessoas vivem em completa harmonia. A China tem até um período idealizado específico em sua história, governado pelos lendários soberanos Yao, Shun e Yu. Buscar um estado idealizado das coisas no mundo real é parte de ser humano. No entanto, como as lições da história nos dizem, buscar uma utopia terrena em geral acaba em lágrimas. Seria perfeito se o Papai Noel existisse, mas o fato de ele não existir é a inevitável realidade imperfeita.

Como discuti nos capítulos 4 e 5, aceitar nossas limitações e as dos outros é uma função poderosa do córtex pré-frontal do cérebro. Nossos circuitos neurais, incluindo a amígdala, colocam vários sentimentos negativos em um contexto apropriado como forma de lidar com as emoções. Pelo processo de reavaliação, podemos nos reconciliar com pessoas e coisas que, de outra forma, seriam difíceis de aceitar como são. Esse é também um dos princípios centrais do estoicismo.

Mas, além de aceitar e lidar com as emoções, talvez precisemos fazer uma reavaliação cognitiva do mundo. Se pensarmos na nossa realidade imperfeita de maneira lógica e coerente, como todo estoico deveria fazer, a conclusão acaba sendo algo bastante contraintuitivo e surpreendente. Longe de ver as falhas e limitações em nossa situação, podemos descobrir que, na verdade, estamos vivendo no melhor de todos os mundos possíveis. Pode até soar como uma ideia estranha a princípio, mas, se pensarmos a respeito, é possível ver a profunda sabedoria e visão estoica por trás disso. O estoico acredita que, não importa em que país tenhamos nascido ou em que tipo de condições nos encontremos vivendo, estamos no melhor de todos os mundos possíveis.

Essa ideia, um ponto de vista por vezes chamado de otimismo filosófico, foi primeiramente formulada por Gottfried Wilhelm Leibniz (1646-1716). Leibniz era um homem de muitos talentos, que se dedicou à matemática, à ciência e à filosofia, além de ter sido ativo na diplomacia. O mais notável é que ele inventou o cálculo diferencial e integral, independentemente de Isaac Newton e quase na mesma época. (Houve um debate, iniciado pelo próprio Newton, sobre Leibniz ter se inspirado em suas ideias, mas a erudição moderna em geral concorda que o cálculo de Leibniz foi uma invenção independente, criada por mérito próprio.)

Mesmo na época, o otimismo filosófico teve seus críticos, em especial o escritor Voltaire, cuja visão de mundo havia sido profundamente abalada pelo grande terremoto e tsunami que atingiu Portugal em 1755, matando cerca de sessenta mil pessoas só em Lisboa. Para Voltaire, essa experiência arrepiante tornou-se um motivo para criticar Leibniz. Ele usou seu romance satírico *Cândido*, no qual a cômica figura do professor Pangloss defende a visão otimista de que este é o melhor de todos os mundos possíveis, para zombar da filosofia do outro. Desnecessário dizer que *Cândido* termina com o colapso completo da ideologia de Pangloss.

Como alguém que vive no Japão, um país onde terremotos e tsunamis devastadores acontecem, eu certamente consigo simpatizar com Voltaire. Como se pode dizer que um mundo no qual ocorrem terríveis desastres naturais, que ceifam a vida de dezenas de milhares de pessoas inocentes, é o melhor de todos os mundos possíveis?

Se você encara a realidade de frente, sabe que, além das calamidades naturais, o mundo está cheio de problemas sociais e injustiças. Será que é mesmo possível dizer: "Não se preocupe, você vive no melhor de todos os mundos possíveis" a uma pessoa que sofre com a opressão de um sistema político injusto, ou a alguém que é vítima de discriminação? Precisamos sempre lutar pela melhoria das condições humanas.

Mas o otimismo filosófico de Leibniz (e aqui você logo verá como ele se relaciona com o estoicismo) diz respeito às conexões lógicas e sistêmicas das coisas. Podemos até dizer que certas coisas são ruins para a humanidade e desejar que o mundo fosse um lugar melhor sem elas — da visão do Jardim do Éden ao período idealizado, na história chinesa, dos lendários soberanos Yao, Shun e Yu, sempre imaginamos um mundo onde não há mal ou infortúnio —, mas, se observarmos as relações de causa e efeito entre as coisas, fica difícil defender a remoção de um subconjunto do sistema, mesmo que visivelmente mau. A interdependência do bom e do mau é intrincada demais.

Vejamos o câncer. Segundo a Organização Mundial da Saúde, ele é a segunda principal causa de morte no mundo, responsável por cerca de um em cada seis falecimentos. É natural que os seres humanos desejem um mundo livre dele. Como o comediante britânico Stephen Fry perguntou uma vez, como pode haver um Deus quando há crianças sofrendo de câncer? Ele estava argumentando a favor do ateísmo com base nas imperfeições percebidas do mundo, que não poderiam ser obra de um Deus bem-intencionado. Certamente, como diz Fry, um mundo com câncer não pode ser o melhor de todos os mundos possíveis.

No entanto, as coisas parecem um pouco mais complicadas quando ponderamos as conexões causais. Os aspectos da fisiologia celular e da dinâmica molecular que levam ao câncer são o mesmo conjunto de dinâmicas que sustenta nossas funções corporais normais. Na verdade, pode-se até dizer que, sem a fisiologia celular que cria o potencial para o câncer, não teríamos como sequer viver. E por isso é tão difícil superar essa doença, pois seus próprios mecanismos estão profundamente incorporados nas funções celulares.

O mesmo vale para os terremotos. Como mencionei, vindo do Japão, onde terremotos e tsunamis causaram grandes devastações repetidas vezes, conheço bem os danos que eles podem infligir. No entanto não podemos simplesmente dizer que estaríamos melhor sem os terremotos. Os processos geofísicos que ocasionam terremotos de tempos em tempos também estão acoplados àqueles que levam à formação e ao deslocamento dos continentes. Sem os terremotos, não teríamos nem mesmo massas de terra nas quais viver. Como efeito secundário, também temos as fontes termais, apreciadas como *onsen* na cultura japonesa e cada vez mais populares entre os visitantes do exterior, e, ocasionalmente, apreciadas pelos macacos-da-neve.

O otimismo filosófico, como sugerido por Leibniz, nos aconselha a aceitar coisas como terremotos e o câncer como partes integrantes do mundo em que vivemos. É natural que nossa primeira reação a eventos negativos na vida seja desejar que eles não tivessem ocorrido. No entanto, se observarmos o mundo como ele é, chegaremos à conclusão de que as coisas, incluindo as ocorrências negativas, são parte de sua tessitura. Não temos como escolher só a parte boa do mundo porque ele é um todo orgânico. Assim, o adjetivo "melhor" na frase "melhor de todos os mundos possíveis" não significa necessariamente que seja "melhor" segundo o sistema de valores do bem-estar humano. É "melhor" no sentido de que tudo está conectado e funcionando, de maneiras tão sutis e coordenadas, que esse equilíbrio geral não pode ser desfeito tão facilmente.

O mesmo pode ser dito das questões sociais. Quando percebemos parcialidade e injustiça na sociedade, ficamos naturalmente desapontados e adoraríamos ver as questões melhoradas. A solução, porém, pode não estar na simples remoção dos aspectos negativos. As coisas podem estar interconectadas de tantas maneiras surpreendentes que, se quisermos uma reforma social, precisamos estar cientes da intrincada teia de conexões causais. Dizer que o *statu quo* é o melhor de todos os mundos possíveis — aceitar a realidade interconectada, tanto boa quanto má — é a melhor posição a partir da qual se pode fazer uma subida longa, paciente e cuidadosa, porque a aceitação da realidade é a melhor base para a mudança, em vez de desejar que o mundo fosse diferente.

É importante ressaltar que não estou defendendo uma atitude derrotista. Precisamos continuar nos esforçando por um futuro melhor. Não há dúvida de que seria ótimo ter mais democracia, por exemplo, para que as pessoas pudessem viver mais livres, sem as amarras da opressão, e respeitar a individualidade e a singularidade umas das outras.

A questão é ver com clareza como as coisas estão conectadas; no sentido estoico, ver como elas se alinham. Se entendermos as conexões entre as coisas, então perceberemos que o mundo não pode ser entendido como uma simples dicotomia entre preto e branco. A realidade é de cinquenta ou mais tons de cinza, talvez um espectro ainda mais nuançado de coisas.

Digamos que um país esteja dividido em dois, com uma metade vivendo em democracia e a outra em um regime autoritário; você provavelmente preferiria viver na primeira. Tais diferenças de governo podem levar a lacunas no crescimento econômico. Quando vista de um satélite à noite, a metade democrática pode estar iluminada, enquanto a outra permanece na escuridão, atestando sua economia lenta. Esse contraste talvez sugira que o sistema político democrático é superior. No entanto, pode haver vantagens na metade mais escura, como um habitat natural menos esgotado e um menor impacto no clima global. Se por acaso você vivesse na parte não democrática do país, não haveria alternativa senão fazer o melhor possível na situação que lhe foi dada, no espírito do *ganbaru*, e isso é crucial. Claro, depois de um tempo, você talvez tome ações extraordinárias, como tentar escapar do país ou trabalhar para promover uma reforma social. Como diversas anedotas sugerem, tais medidas podem ser muito difíceis e perigosas, e não costumam ser recomendadas a quem quer que seja.

Não importa em que tipo de situação nos encontremos, é preciso tirar o melhor proveito dela de alguma forma, porque é tudo o que temos no momento. A esse respeito, o argumento do melhor de todos os mundos possíveis de Leibniz é uma compreensão de que tudo está alinhado, mas também um chamado para que tenhamos um espírito proativo e resiliente. É por isso que ele integra este livro sobre estoicismo, além de ter uma ligação importante com a *bricolage* de Claude Lévi-Strauss, ou seu equivalente japonês, *nora*.

Um corolário dos argumentos que apresentei neste capítulo seria que você é a melhor de todas as pessoas possíveis, e que está vivendo a melhor de todas as vidas possíveis. Como vimos, esta não é uma canção de ninar sentimental para acalentar a alma, mas o resultado de uma análise rigorosa, completa e lógica de como as coisas estão interconectadas, e de como qualquer conjunto único de traços, seja de determinado ser humano ou de uma nação, tem seus méritos e deficiências.

Você é a melhor de todas as pessoas possíveis, vivendo a melhor de todas as vidas possíveis, no melhor de todos os mundos possíveis.

Depois de ler este capítulo, espero que a declaração acima não soe tão fantasiosa ou fora do comum. Você pode muito bem se decepcionar caso peça perfeição a um mundo bastante imperfeito, mas, se começar seu dia com um espírito de otimismo filosófico, com a percepção de que o seu é o melhor de todos os mundos possíveis, você poderá manifestar o espírito *ganbaru* como um bom estoico.

CAPÍTULO 17

ENCARAR O INFINITO

Nossa vida neste mundo é limitada. E, não obstante, podemos perceber e apreciar coisas ilimitadas. Em certo sentido, o estoicismo contempla como nós, humanos finitos, nos alinhamos com o universo, o infinito. Para a maioria de nós, o infinito é apenas um conceito distante. Quando crianças, adoramos perguntar sobre ele, dando trabalho para os adultos ao interrogá-los sobre o começo e o fim do tempo, e o que há fora do universo, mas, à medida que crescemos, tornamo-nos práticos e nos esquecemos de fazer essas perguntas. Há uma profissão, no entanto, cuja descrição de trabalho inclui encarar o infinito. Para os matemáticos, encarar o infinito é parte da rotina, e eles compartilham um senso peculiarmente aguçado a esse respeito.

Talvez não possamos dizer que matemáticos sejam típicos exemplares da humanidade, mas os resultados de seus confrontos com o infinito estão por toda parte. O Sistema de Posicionamento Global, ou GPS, para abreviar, é uma ferramenta indispensável que agora todos usam, o tempo todo, em seus smartphones. Mas, ao analisar os sinais recebidos dos satélites, se não levarmos em conta as dilatações do tempo conforme descritas pela matemática utilizada na teoria da relatividade geral desenvolvida por

Einstein, o posicionamento por GPS não consegue ser preciso. O criptossistema RSA (Rivest-Shamir-Adleman), hoje amplamente utilizado em comunicação segura de dados, foi projetado por três especialistas em ciência da computação/matemática, Ron Rivest, Adi Shamir e Leonard Adleman, com base na matemática dos fatores primos. O mosaico de Penrose — uma construção matemática de mosaicos proposta pelo matemático britânico e laureado com o Nobel, Roger Penrose —, que cobre um plano infinito de maneira aperiódica e tem uma simetria rotacional de cinco eixos, aparece na natureza como quase-cristais.

Os matemáticos vivem mentalmente em um mundo distante da vida cotidiana dos humanos comuns, e isso parece tornar alguns deles estranhamente otimistas. Teiji Takagi foi um proeminente matemático japonês que estudou com o matemático alemão David Hilbert, por vezes referido como "o pai da matemática moderna". Em um ensaio, Takagi relembrou uma conversa que teve com Hilbert em 1900, durante uma visita à casa deste em Göttingen, na qual Hilbert disse a Takagi repetidas vezes que "milhares de milhões" (uma expressão antiga para bilhões) de anos estão disponíveis para o progresso humano, então, com sorte, faríamos grandes avanços. O fato de Hilbert ter tido a audácia de esperar que grandes mudanças chegariam à humanidade algum dia "em breve" (da perspectiva de um matemático) já nos diz algo sobre o senso de infinito de um matemático.

É libertador e edificante pensar sobre a matemática, os matemáticos e suas maneiras um tanto peculiares de lidar com o mundo. Se a missão de um estoico é reconhecer a natureza da existência como ela realmente é e abraçar a condição humana em sua plenitude, o raciocínio matemático obviamente faz parte da equação.

Sem abordar os problemas do infinito, não podemos lidar com a essência central da inquietação da razão (que discutiremos em detalhes no próximo capítulo), com a qual lutamos em nossa alma. Em uma época em que estamos aprendendo o completo absurdo do vasto universo como um fato científico, precisamos aprender a encarar o infinito. É uma questão de urgência existencial.

Se encaramos a realidade deste mundo de maneira sincera, perceberemos que nós, humanos, estamos na verdade cercados por infinitos. Aristóteles analisou dois tipos de infinito. Um é o infinito real, e o outro, potencial. Lidar com o infinito real é impossível para os humanos, porque nossas capacidades são limitadas por recursos finitos. A mente humana pode pensar no infinito real, mas ele nunca será vivenciado. Somos, no entanto, capazes de lidar com o infinito potencial por meio de nossas ações no dia a dia. De fato, de uma posição estoica, lidar com o infinito potencial é um modo de vida, tanto em sentido filosófico quanto prático, no qual nossa vida está alinhada com os princípios do espaço e do tempo.

O infinito potencial é acessível por meio de foco no próximo passo. No processo de indução matemática, se uma proposição é válida para n, e se é possível demonstrar que ela é válida para $n+1$, então podemos provar que será válida para um número infinito de casos. Esta é a maneira como a matemática lida com o infinito real: por meio de um infinito potencial. A garantia do próximo passo acaba levando a uma declaração verdadeira quanto a números infinitos. Assim, podemos acessar o infinito real por meio do infinito potencial. Para a mente humana, o infinito potencial é a forma como lidamos com o infinito real.

Em um sentido muito prático, isso significa que podemos acessar o infinito na vida, contanto que tenhamos uma ideia clara de qual será nosso próximo passo. Nesse contexto, é fundamental garantir que sempre tenhamos algo a fazer em seguida, a todo momento. Quando acordamos de manhã e sabemos o que fazer primeiro, e depois fazemos a próxima coisa, seguida por outra e assim por diante, até descansarmos à noite, estamos de posse do infinito potencial. Essa é uma maneira muito estoica de viver.

O infinito potencial está em como escolhemos o que fazer em seguida. No início deste livro, falei da sobrecarga de escolhas que geralmente enfrentamos hoje. Mas, desde que possamos escolher nossa próxima ação de maneira adequada, podemos ter a esperança de acessar o infinito potencial, mesmo em uma situação afetada pela sobrecarga de escolhas.

Estoicismo é quando sua próxima ação faz sentido. Contanto que suas ações estejam alinhadas com seus propósitos de vida e não afetem o ambiente de maneiras adversas, tudo estará estoicamente bem.

Você deve se lembrar que, no capítulo 3, discuti a previsão do próximo token, que basicamente prevê, dada uma série de palavras, que sequências de palavras viriam a seguir. A previsão do próximo token está por trás das incríveis habilidades exibidas pelas IAs generativas, em particular os Modelos de Linguagem de Larga Escala (LLMS) como o ChatGPT. De forma semelhante, podemos considerar a previsão da próxima ação como a base de um modo de vida estoico, no qual aplicamos o infinito potencial em nossa vida. Dada a série de ações anteriores e o contexto da situação em particular, que série de ações é provável seguirmos? Se, todos os dias de nossa vida, aplicarmos a previsão da próxima ação e executarmos a ação prevista, então alcançaremos o estado de fluxo descrito por Mihaly Csikszentmihalyi, bem como uma conexão constante com o infinito potencial.

À medida que avançamos na história da humanidade, podemos manter um progresso infinito, literalmente. Isso pode soar como uma predição grandiosa para aqueles preocupados com a possível extinção humana devido ao aquecimento global, à guerra nuclear e à inteligência artificial, mas um estoico (e um matemático) permaneceria otimista, mesmo em situações difíceis.

Se você não é um matemático (como é o caso para a maioria de nós) e a matemática não for sua praia, não se preocupe. A beleza da matemática é que ela se aplica também às pessoas que não se importam com ela. Enquanto você segue sua vida, fazendo seu trabalho, tomando seu café, dando uma caminhada, ouvindo música, encontrando pessoas e olhando para o céu, o infinito potencial discutido neste capítulo está sempre com você. Nem é preciso pensar a respeito. Ele simplesmente está lá, como um gato virando a próxima esquina.

Para encarar o infinito, escolher sua próxima ação é crucial. Dê o próximo passo. Isso vai construir o infinito potencial de sua vida.

CAPÍTULO 18

TODOS OS CAMINHOS LEVAM A SÓCRATES

Como você deve lembrar, embora a escola estoica como a conhecemos tenha começado com Zenão de Cítio, o movimento não é conhecido pelo nome do fundador. Ele é derivado de *stoá*, ou pórtico pintado, onde Zenão ensinava suas ideias na Atenas antiga. Alguns dizem que foi para evitar um culto à personalidade — uma atitude, que muito nos seria útil hoje, de se afastar de um perigo potencial.

Se olharmos para a história do mundo, essa negação do culto à personalidade parece ser uma exceção à regra. Não importa para onde olhemos ao longo da história, sempre estivemos venerando indivíduos, com poucos escrúpulos expressos sobre essa tendência.

No *zeitgeist* de hoje, no qual há uma febre por acumular seguidores, curtidas, visualizações etc. nas redes sociais, o culto à personalidade é a norma, em vez de exceção. Na economia da atenção, curtidas e visualizações se transformam em dinheiro de verdade, e o negócio é levado bem a sério. Não é de admirar que algumas pessoas fiquem obcecadas pelas métricas de redes sociais, em especial se anseiam por fama e dinheiro.

Portanto, qualquer tentativa séria de entender e praticar o estoicismo hoje deveria envolver o ato de manter distância da economia da atenção. Claro, pode ser bom atrair um pouco de atenção para o seu trabalho, se for o resultado de algo genuíno e caro ao seu coração — o fruto do seu *ikigai*. Mas buscar atenção só por buscar, e se esquecer do que significava no começo, é inútil. (Pode-se lembrar aqui da Lei de Goodhart, discutida no capítulo 11, que afirma: quando uma medida se torna um alvo, ela deixa de ser uma boa medida. Essa é uma ótima advertência para qualquer um afetado pela economia da atenção.) Uma vida gasta em busca da atenção das pessoas não seria um modo de vida estoico. Pelo contrário, a atitude estoica em relação à propagação de ideias demonstra isso com uma pureza impressionante.

Marco Aurélio nunca quis que seus escritos fossem publicados. Na verdade, no momento de sua morte, ele expressou o desejo de que eles fossem destruídos. Foi somente graças àqueles que decidiram preservar seus textos que hoje podemos ler as reflexões desse grande imperador. A posteridade deve agradecer a esses rebeldes. É também interessante que Epicteto, outro importante estoico, não tenha escrito nada. Seu discípulo Arriano anotou seus ensinamentos em *Discursos* e em *Enquirídio (Manual de Epicteto)*.

Quando se trata de Sócrates, o precursor de Marco Aurélio e Epicteto, a situação talvez seja mais drástica e interessante. Não restam textos escritos pelo próprio Sócrates, o que é consistente com a ideia de que o famoso filósofo se absteve de expressar as próprias ideias de forma escrita. Em vez disso, foi Platão que escreveu sobre seus ensinamentos e filosofia.

Pode até se dizer que Sócrates reconheceu os limites do texto escrito desde o início. O método socrático baseia-se na suposição de que a sabedoria não flui de um único indivíduo. Em vez de lecionar de maneira unidirecional, Sócrates tentou iluminar os outros envolvendo-os em conversas, nas quais o aprendizado ocorria em ambas as direções, com ele aprendendo tanto quanto os discípulos. Sócrates se iluminava ao iluminar os demais.

Há algo profundamente tocante e democrático na maneira como Sócrates conversava com as pessoas, tentando aprender com elas, sempre ciente de suas próprias limitações e das dos outros, mas se esforçando para chegar a um melhor entendimento do mundo. Se esse é o espírito da atitude estoica em relação aos outros seres humanos, então definitivamente precisamos de mais dele no mundo de hoje.

Eu me lembro em detalhes de como o professor de Harvard Michael Sandel encerrou um episódio de sua famosa palestra televisionada, *Justiça*, observando que seu propósito era induzir uma inquietação da razão entre os alunos. Quando presumimos que certas coisas são verdadeiras, temos a tendência de recorrer a suposições irrefletidas. Isso pode ser um hábito perigoso, ainda mais quando o avanço da inteligência artificial torna provável que pensemos menos nas coisas do que antes. É somente quando nos sentimos inquietos, sem saber como encarar uma determinada coisa e interpretá-la, que de fato começamos a crescer do ponto de vista intelectual. Era precisamente isto que Sócrates tentava alcançar com suas conversas: uma inquietação da razão.

Nosso tempo está repleto de adoração a personalidades, e raramente questionamos os fundamentos de nossa admiração. Na política, é bastante comum e aceitável endossar, admirar e se identificar com um personagem em particular, quer você viva em uma democracia ou em um regime autoritário. As pessoas não acham que seja um anacronismo falar do carisma de um político, mesmo com o advento dos sistemas de inteligência artificial e a percepção de que o mundo em que vivemos é bastante complexo. Na cultura popular, é típico — na verdade, a suposição padrão — pensar que o glamour vem de uma pessoa específica. Na música, admiramos artistas como John Lennon, Bono, Bob Dylan, Billie Eilish e Taylor Swift a tal ponto que criamos um culto à personalidade em torno deles. São indivíduos incrivelmente talentosos, com certeza, mas talvez estejamos perdendo todo um universo de possibilidades musicais ao escolhermos ignorar as possibilidades intermediárias. Focar demais alguns poucos indivíduos pode significar que ignoramos o que outros têm a oferecer, ou atribuímos tanto glamour a esses poucos que não questionamos a qualidade de seu trabalho.

A predominância de um sistema de valores centrado na personalidade é compreensível — somos humanos, afinal. É da natureza humana buscar o glamouroso e o admirável em outras pessoas e elevá-las como inspiração. Mas devemos ter cuidado para não acreditar em nenhum sistema de valores específico e fixo, para que assim não nos tornemos inflexíveis e percamos nossa inquietação da razão. Além do culto à personalidade, precisamos ter cuidado com o culto às ideologias, o culto ao dinheiro, o culto à fama, o culto às estatísticas (mais sobre isso adiante) e até mesmo o culto às equações, que, naturalmente, serve de base para o esforço científico, mas representa o risco de perdermos a visão do todo para a humanidade. Em um nível mais prático, devemos ter cuidado para não sermos desviados pela busca de metas normalmente aceitas na sociedade, como dinheiro, status social, fama, curtidas, visualizações etc. No processo de buscar esses objetivos que não nos representam, perdemos algo valioso para nossa existência, a inquietação da razão, que nada mais é do que outra maneira de expressar o fato de estarmos vivos. E enquanto estivermos vivos, estaremos em uma jornada de transformação. Nada é mais terrível do que perder a capacidade de transformar a si mesmo.

Além disso, estamos vivendo uma grande época de mudanças. O advento de IAs generativas como o ChatGPT foi e é um golpe nas visões de mundo centradas no ser humano, já que, no mundo da inteligência artificial, o que conta não é a natureza de um indivíduo, mas as propriedades coletivas de grupos de pessoas. Por exemplo, em vez de considerar os textos escritos por indivíduos separadamente (o que poderia, claro, levar a um culto à personalidade), sistemas de IA generativa como o ChatGPT calculam um meio-termo áureo estatístico a partir de uma multidão de textos. Embora os resultados sejam inegavelmente notáveis e de grande utilidade prática, deixar de questionar a validade dos resultados da IA poderia facilmente levar a um culto à estatística — sistemas de inteligência artificial baseados em *big data*, nos quais o raciocínio estatístico é equiparado à própria verdade. Apesar de seu brilhantismo, o advento da inteligência artificial não deve ser classificado apenas como um progresso. Trata-se, potencialmente, da substituição de um culto por outro, e não pode ser a resposta definitiva para como nós, humanos, vivemos.

Adoro a ideia, descrita no *Fédon* de Platão, de que Sócrates lia as *Fábulas de Esopo* na prisão. As *Fábulas de Esopo*, nas quais os protagonistas são retratados como animais, nada têm a ver com o culto à personalidade, ou mesmo com o culto à humanidade. São, antes de tudo, observações aguçadas sobre traços de personalidade salientes que encontramos nas pessoas ao nosso redor e representações de verdades humanas em geral, tudo com um toque de humor (à maneira irônica socrática). Em nosso mundo de IAs generativas, essas fábulas poderiam ser consideradas representações estatisticamente robustas da natureza humana. Se inseríssemos o *prompt* "Componha fábulas com animais que retratem alguns defeitos salientes da natureza humana" no ChatGPT, ele bem que poderia criar enredos semelhantes aos das *Fábulas de Esopo* (outro caminho que nos leva de volta de nosso tempo a Sócrates).

Em muitos sentidos, uma atualização moderna do estoicismo significaria uma revivescência, ou renascimento, do espírito de Sócrates. Mas, destaco mais uma vez, não deveria ser a revivescência ou o estabelecimento de outro culto à personalidade, mesmo que fosse um culto a Sócrates, e sim de sua abordagem da vida.

Sócrates deve ter sido uma pessoa verdadeiramente inesquecível. A maneira como seu discípulo Platão escreve sobre ele, por exemplo, em *O banquete*, uma de suas maiores obras, é repleta de admiração e amor pelo filósofo. Lembro-me de ler esse livro quando tinha quinze anos. Gostei muito da história de como Sócrates, a caminho de um banquete, começou a pensar em uma questão filosófica no meio de uma rua ateniense e esqueceu completamente para onde deveria ir, de modo que alguém precisou buscá-lo. O mais crucial aqui, porém, é que Sócrates nunca pretendeu que seus ditos ou feitos fossem preservados para a posteridade. Sua preocupação era sempre com o aqui e agora, e com a pessoa com quem estava conversando. Sócrates esteva sempre ciente de sua própria ignorância, atento à inquietação da razão e pronto para embarcar, ao lado de seu semelhante, na jornada em busca da verdade.

Você conhece uma pessoa que seja exatamente como Sócrates? Eu conheço. Conheço muitas. Há diversas pessoas como Sócrates no mundo. Em geral, são pessoas sem nome, sem fama, anônimas, que fazem seus trabalhos diários e nunca buscam atenção, mas são cheias de curiosidade, abraçando um amor pleno pela vida. Elas vivem, amam e morrem. Nada resta. São inteiramente esquecidas, nunca chegam a ser conhecidas pela posteridade, porque não têm um discípulo como Platão. Mas certamente são lembradas com carinho por seus amigos e familiares, porque eram pessoas muito boas. Você deve conhecer pessoas assim. Há muitas ao seu redor, uma vez que você desvia seu coração da febre das redes sociais por curtidas, repostagens e outras perspectivas da economia da atenção.

Se conhece alguém como Sócrates, então você pode se tornar o Platão dessa pessoa. Se seus pais são como Sócrates — reservados, não muito sociáveis, nunca pensando em registrar seus pensamentos para que outras pessoas leiam e apreciem —, então talvez você possa se lembrar deles pelo tipo de pessoas que são. Como Platão, você poderia escrever sobre eles e mostrar a seus filhos e netos, ou a seus amigos. Mesmo que não vá tão longe, talvez você possa falar de seus pais enquanto eles ainda estão por perto, e depois que se forem.

Ao se tornar o Platão de alguém, observando os méritos e a personalidade dessa pessoa, você tem o poder de tornar o mundo um lugar melhor, espalhando as boas novas. Quando pensamos na vida dessa maneira, percebemos que ela é repleta de tesouros escondidos, que a tornam verdadeiramente rica e digna de ser vivida.

Se aprendermos a ver, sem que nossos olhos sejam turvados por objetivos que não nos representam ou por cultos à personalidade, toda pessoa é como Sócrates.

Toda pessoa é Sócrates, de maneiras brilhantemente anônimas.

E é por isso que todos os caminhos levam a Sócrates.

CAPÍTULO 19

ALINHADOS COM O UNIVERSO

Como exploramos ao longo deste livro, a humildade é uma das marcas distintivas do estoicismo. À medida que os seres humanos progrediram em ciência e tecnologia, nós, em certo sentido, nos tornamos muito bem-sucedidos coletivamente. Do ponto de vista material, no mundo moderno, vivemos a vida de reis, rainhas, imperadores e imperatrizes dos tempos antigos. É importante, portanto, manter o estoicismo vivo em nossa alma para que esse sucesso não nos suba à cabeça. Como fazer isso? A percepção crucial aqui é que a humildade na escala humana pode ser aprofundada e fortalecida, tornando-se boa para o nosso bem-estar mental, se nos alinharmos com o universo.

Você não precisa ser um Newton, um Einstein, um Hawking ou um cientista de foguetes para se alinhar com o universo. É apenas questão de usar o bom senso. Em *Meditações*, Marco Aurélio escreve várias vezes sobre a futilidade de desejar fama eterna. Ele observa que os nomes de pessoas que vieram antes dele eram rapidamente esquecidos, e que apenas a arrogância e o pensamento fantasioso da mente fraca supõem que a fama pode ser eterna. No contexto de nosso tempo, mesmo a fama e a glória de pessoas verdadeiramente brilhantes como William Shakespeare ou Albert Einstein podem não durar para sempre. Quando consideramos o fato de que o universo em que vivemos está se expandindo de forma acelerada, percebemos que, no final, não restará nada, não só pessoas que se lembram ou não de Shakespeare ou Einstein. Esse tipo de constatação teria recebido a aprovação de Marco Aurélio. Ele tampouco teria se importado com o fato de que um dia não haverá ninguém para se lembrar dele. Como falei antes, tudo o que fazemos nada mais é do que os esforços de um peixe *medaka* em uma poça formada por uma chuva passageira no fim do dia, em uma terra escaldante.

Vale a pena ter em mente que toda a base do estoicismo, incluindo a ideia do lugar do homem no cosmos, foi estabelecida antes que as ideias religiosas que prometem uma vida eterna após a morte se tornassem predominantes no Império Romano. Assim, ironicamente, o antigo sistema de pensamento sob o qual Marco Aurélio escreveu é, na verdade, bastante moderno e está em sintonia com o pensamento da ciência contemporânea em geral, sobretudo da física e da cosmologia. Nesse sentido, Marco Aurélio é nosso contemporâneo. (Aliás, a realização máxima deste livro, se me for permitido desejar, seria que você se tornasse capaz de pensar, sentir e viver como o grande imperador romano, em alinhamento com o universo, humilde em seu sucesso e resiliente e esperançoso nas dificuldades, como um verdadeiro estoico. O propósito é pensar como um estoico.)

Para estar em alinhamento com o universo, você precisa abrir seus sentidos. *Grapefruit*, um maravilhoso livro de arte conceitual de Yoko Ono, contém muitas peças inspiradoras de sensibilidade estoica. Há uma que conecta nossos sentidos cotidianos com as entidades cósmicas:

Imagine mil sóis no
céu ao mesmo tempo.
Deixe-os brilhar por uma hora.
Então, deixe-os derreter gradualmente
no céu.
Faça um sanduíche de atum e coma.

primavera de 1964

Essa extensão dos próprios sentidos ao que está ocorrendo no universo, acompanhada por uma sensação corporificada do ambiente ao redor, é uma marca registrada do estoicismo. Você conecta suas ações ao universo por meio de seu corpo e dos seus sentimentos.

É possível ver isso em muitas culturas. Em *Lohengrin*, ópera de Wagner, há uma cena em que o rei proclama que a decisão no tribunal deve prosseguir quando o sol estiver alto no céu. Esse é um belo exemplo de alinhamento das atividades humanas com a grande natureza, o que parece ter sido um dos sensos comuns nos tempos medievais. No Japão, o tradicional teatro nô está repleto de referências a conexões com o universo, nas quais se costuma ver o artista fazendo movimentos em um vasto mundo, um pouco como um astronauta solitário em seu traje espacial flutuando sobre a Terra azul. Em *As mil e uma noites*, a história do Cavalo Mágico que leva o príncipe para o espaço sideral reflete a imaginação fantástica das pessoas na Idade de Ouro Islâmica, conectando os humanos com o universo. Por fim, o manuscrito *Daoyuan* ("Origens do Tao"), descoberto em Mawangdui, na China, conta uma história sobre a origem do universo que tem uma semelhança impressionante com nossas ideias modernas sobre o Big Bang e a singularidade gravitacional.

Ao longo de nossa história, nós, humanos, sempre consideramos o universo como fonte de inspiração, um meio de consolidar nosso status existencial e um espelho no qual nos refletimos e confirmamos nossa posição. Talvez, paradoxalmente, tenhamos nos assegurado de nossa existência única — a autoconsciência é uma afirmação frágil, porém robusta, da própria existência — ao nos sentirmos tão insignificantes diante do vasto universo, uma experiência familiar para qualquer um que já tenha olhado para o céu em uma noite agradável...

Não importa se você é importante, bem-sucedido, rico ou poderoso; em comparação com o universo, você não é nada. A total insignificância de si mesmo é um dos elementos mais importantes do estoicismo.

O universo é um grande equalizador. Não é que todos sejam igualmente importantes, como o politicamente correto tenta enquadrar, embora isso talvez fosse ótimo para nossa sociedade. É que todos são igualmente *sem* importância. Somos todos insignificantes perante a vasta extensão de espaço e tempo que chamamos de universo.

Em nosso dia a dia, podemos ficar obcecados por vários objetivos que não nos representam e ser iludidos por cultos, incluindo os de personalidade, ideologia, dinheiro, fama e, mais recente, o de estatísticas, que levou à evolução da inteligência artificial. O curioso é que, se a singularidade da IA algum dia chegar, as pessoas terão de reconhecer o fato de que a excelência não reside necessariamente em um indivíduo, mas em uma rede de entidades bem conectadas, na qual cada um de nós desempenha apenas uma pequena parte. Cada um de nós seria apenas uma minúscula pepita na massa de dados usada para transformar a inteligência artificial na borboleta da humanidade (ver capítulo 3), para adaptar a frase poética que Geoffrey Hinton, o pai da IA, usou para descrever a espantosa habilidade da inteligência artificial que está por vir.

Talvez nos sintamos pequenos diante dos emergentes e poderosos sistemas de inteligência artificial. Isso pode, de fato, ser a emergência espiritual de nosso tempo. Por outro lado, esses sentimentos de ameaça induzidos pela inteligência artificial são insignificantes quando comparados à assustadora e misteriosamente edificante nulidade que sentimos ao encarar o próprio universo.

É, portanto, interessante que a revivescência do estoicismo esteja ocorrendo bem em um momento no qual os antigos modos dos seres humanos parecem ser superados pelos novos modos da inteligência estatística, e a arrogância dos humanos envolvidos no desenvolvimento e na implementação da inteligência artificial está sendo revelada.

Precisamos de um renascimento dos valores humanos. Não como uma reação à era emergente da inteligência artificial (isso seria, no fim das contas, superficial demais), mas para nos alinharmos com o próprio universo. O estoicismo será central para esse novo renascimento. Este livro tem sido uma humilde tentativa de criar uma pequena ondulação no oceano azul de novas possibilidades para os seres humanos.

...

Acredito que exista na alma humana algo que ressoa profundamente com o modo de vida estoico. Não sei por que nem de que forma, mas é, aparentemente, como as coisas são.

O estoicismo bem que poderia fornecer os novos fundamentos para a espiritualidade na sociedade humana.

Seria um termo impróprio, contudo, chamar o estoicismo de uma nova religião do século XXI. Não seria adequado transformar essa filosofia venerável em uma competidora da religião. Na verdade, o estoicismo seria capaz de fornecer a base para uma forma de espiritualidade humana livre das restrições dos sistemas de valores tradicionais e, ainda assim, alinhada com a ciência moderna e com o nosso lugar no universo.

Em 2007, o pintor alemão Gerhard Richter projetou o vitral no transepto sul da grande catedral de Colônia. É fácil reconhecer a dificuldade de projetar algo para um lugar de culto hoje em dia. A solução de Richter para o vitral de Colônia não foi venerar uma pessoa em particular, um símbolo específico ou mesmo um edifício ou lugar único. Em vez disso, o projeto é uma pintura feita de várias cores, com ordem aleatória, em grades simples e regulares sobre um fundo branco. Pessoalmente, acho essa criação artística muito comovente. É uma bela declaração de como cada indivíduo existe em relação aos outros, até que todas as cores se misturem na luz branca geral, originada da mãe de todos os seres vivos na Terra: o Sol. Sua expressão abstrata parece sugerir novas maneiras de alinhar nossa espiritualidade com as leis do universo. Talvez a jornada de nossa espiritualidade tenha apenas começado, e o estoicismo seja nosso primeiro passo.

Tradicionalmente, o universo físico tem sido chamado de macrocosmo, ao passo que o corpo humano é o microcosmo, e acredita-se que existam analogias de profunda ressonância entre eles.

Como pessoas que vivem nos dias de hoje, cada um de nós tem suas preocupações em seu pequeno mundo. Os altos e baixos, as alegrias e as tristezas, as surpresas e a repetição do cotidiano. Às vezes, sentimos que nossas ações são triviais e não têm nada a ver com as propriedades de grande escala do universo. Sentimo-nos muito insignificantes. O universo não parece se importar se estamos felizes ou não.

No entanto, o estoicismo nos mostra uma maneira de estarmos conectados às ordens maiores do universo, e como o fato de estarmos ou não felizes afeta o alinhamento de nós mesmos com o mundo mais amplo, porque vemos o universo através da lente de nossa mente subjetiva. Assim, estamos unidos ao universo, não apenas mediante a maravilhosa ideia de uma consciência cósmica, mas também por meio de conexões bastante lógicas.

CAPÍTULO 20

ESTOICISMO E VOCÊ

Nossa jornada pelo estoicismo está quase no fim.

No início deste livro, mencionei que esta é uma era de abundância. No entanto, devo acrescentar aqui que existem limites fundamentais para o que os humanos podem alcançar e desfrutar, do ponto de vista material e informacional. Precisamos *conhecer* nossos limites. É por isso que precisamos do estoicismo agora.

No capítulo 7, falei da mentalidade prometeica, nomeada em homenagem ao deus da mitologia grega que trouxe o fogo para a humanidade. Atualmente, nós, humanos prometeicos, estamos à vontade para decidir o que fazer com os recursos da Terra. O projeto humano de emigrar para Marte, com as ideias de terraformá-lo para que o ambiente do planeta possa acomodar vida, é uma tentativa de estender as ideias prometeicas para além da Terra. Tal linha de pensamento, embora extraordinária e absurda, não está fora da norma para os bilionários da tecnologia de hoje. Mas a verdade é que nenhum de nós, incluindo os bilionários da tecnologia, está imune ao sistema ecológico. Mesmo enquanto engenheiros prometeicos criam códigos incríveis para gerar a inteligência artificial da próxima geração, dentro de suas entranhas bilhões de micróbios trabalham para manter o eixo cérebro-intestino funcionando. Quando os humanos planejarem migrar para Marte, a menos que um subconjunto bastante extenso e representativo do ecossistema terrestre — uma espécie de arca de Noé contemporânea — seja levado com eles, é improvável que sobrevivam lá. Devemos sempre lembrar que somos apenas uma pequena parte do ecossistema da Terra. Os planos prometeicos para o crescimento tecnológico e ecológico tendem a esquecer isso.

Os bilionários da tecnologia não estão imunes nem mesmo à ecologia das startups. O fato é que a maioria das startups acaba fracassando. Mas o sistema econômico gira como um todo, absorvendo essas muitas instâncias de fracasso em seu metabolismo; talvez elas forneçam os nutrientes necessários para as startups de sucesso, em termos de recursos humanos e aprendizado tecnológico, assim como, no metabolismo ecológico da floresta tropical, muitas vezes uma árvore caída se transforma em um berço fértil, acolhendo a vida que começa a brotar. As empresas verdadeiramente bem-sucedidas, como Google, Meta, Apple e OpenAI, talvez sejam apoiadas e nutridas por milhares de outras que caíram. Quando ficamos obcecados demais pelo sucesso de uma única empresa, nossa tendência é esquecer a importância do ecossistema. Focamos apenas uma árvore e esquecemos a floresta.

A dicotomia entre crescimento e ecologia é uma questão fundamental não apenas para os humanos como um todo, mas também para o caminho da humanidade daqui para a frente em relação à inteligência artificial e ao alinhamento de IA. Estamos em uma encruzilhada importante.

Precisamos ser muito cuidadosos a partir de agora, porque estamos andando na corda bamba. As armas nucleares ainda estão aqui, e os seres humanos são espertos o suficiente para fazê-las, mas não sábios o bastante para desmantelá-las. A teoria dos jogos, que analisa os confrontos entre potências nucleares, é esperta o suficiente para colocar a dinâmica do confronto, baseada no medo da extinção, no esquema da destruição mútua assegurada (MAD), mas não sábia o bastante para nos dizer como não enlouquecer a ponto de continuar possuindo armas nucleares, sob a premissa instável e insustentável da dissuasão nuclear. A inteligência artificial tem o potencial de ser usada para resolver os muitos problemas do ser humano, curar doenças e pôr fim à assimetria social e à injustiça sistêmica. No entanto, alguns a usam como um meio para a corrida armamentista tecnológica, a fim de garantir para si posições no frágil ecossistema da fama e do dinheiro. A arrogância da mente humana, como exemplificada pela atitude prometeica no setor de alta tecnologia, pode custar ao ser humano sua própria existência.

Vendo tudo isso, enquanto concluo este livro, sinto de fato que há fortes argumentos para uma revivescência e um renascimento do estoicismo. Não se trata apenas do sistema, mas de como viver como indivíduos daqui para a frente, dentro do universo. O estoicismo é uma sabedoria necessária para a humanidade, não apenas no nível individual, mas também para nossa espécie como um todo. A menos que avancemos com extremo cuidado a partir de agora, a sobrevivência da civilização humana não está garantida. Enquanto tentamos resgatar e reavivar os valores humanos neste momento difícil, o estoicismo é uma ferramenta essencial.

Então, para onde vamos a partir daqui? No nível da civilização humana como um todo, precisamos ser cautelosos ao desenvolver e empregar tecnologias, o que inclui, principalmente, a inteligência artificial; precisamos reafirmar e resgatar os valores humanísticos, e o estoicismo poderia desempenhar um papel fundamental quanto a isso. No nível pessoal, gostaríamos de poder lidar, de alguma forma, com as dificuldades do tempo e dar um jeito de seguir daqui para a frente, para que cada um de nós seja feliz à sua maneira, respeitando a individualidade de cada um. Aqui, mais uma vez, o estoicismo desempenharia um papel central. Que não nos afundemos na arrogância tecnológica, não importa quão bem-sucedidos possamos ser no desenvolvimento de novas tecnologias, incluindo a inteligência artificial. Alinhemo-nos ao antigo adágio japonês que mencionei no início deste livro: a espiga de arroz baixa a cabeça à medida que amadurece.

Aqui, retornamos às dez declarações sobre o estoicismo que apresentei ao final da introdução. Após uma jornada pelo significado do estoicismo, como elas soam agora?

1. O estoicismo trata de como otimizar os próprios recursos e esforços ao passar pelas incertezas da vida.
2. O estoicismo é uma forma de dar o seu melhor sob quaisquer circunstâncias.
3. O estoicismo é um processo pelo qual se reavalia as próprias emoções para chegar a uma visão positiva e proativa da vida.
4. O estoicismo é manter um equilíbrio do eu, do corpo e da agência pessoal ao interagir em um ambiente complexo e imprevisível.
5. O estoicismo é aceitar as próprias características e traços únicos, fazendo as pazes consigo mesmo e nutrindo o amor-próprio.
6. O estoicismo é libertar-se dos objetivos que não nos representam e caminhar em direção aos verdadeiros desejos do coração.

7. O estoicismo é alinhar a própria vida com as vozes interiores e as leis do mundo.
8. O estoicismo é um jeito de ver as coisas com clareza e conhecer as próprias limitações, mantendo uma sensação de encantamento pelo desconhecido e sonhando com possibilidades futuras.
9. O estoicismo consiste em apreciar e celebrar a diversidade dentro de si mesmo e no universo.
10. O estoicismo consiste em manter a integridade pessoal sob quaisquer circunstâncias, para que se veja com nitidez os contornos da própria alma.

Espero de verdade que essas declarações sejam úteis em sua vida à medida que seguimos juntos nesta jornada, tentando melhorar tanto o cotidiano de cada um quanto o futuro da humanidade.

Por fim, sinto de fato que precisamos de um Sócrates entre nós no mundo de hoje. O espírito socrático de estar ciente da própria ignorância e dos próprios limites, e equipado com uma mente inquiridora e aberta, é algo de que precisamos em nossa sociedade. Sócrates, como o pai do estoicismo, deveria ser nosso anjo da guarda, nosso colega e nosso companheiro.

A boa notícia é que toda criança é como Sócrates. Aliás, cada criança *é* um Sócrates, com olhos brilhantes e entusiastas e a mente aberta e curiosa.

E a notícia ainda melhor é que existe uma criança em cada um de nós, não importa a idade que tenhamos. Então, ao encerrar este livro, permita-me fazer um último desejo.

Que você se alinhe com sua personalidade única e com o universo.

Que você mantenha viva a sua criança interior.

Que o estoicismo esteja com você.

AGRADECIMENTOS DE DIREITOS AUTORAIS

Todos os esforços foram feitos para rastrear e creditar os detentores originais dos direitos autorais. O autor e a editora terão o prazer de corrigir quaisquer erros ou omissões em edições futuras.

O poema *waka* japonês de Ariwara no Narihira na p. 56 é do Episódio 125, "This Day", de *The Tales of Ise*, traduzido por Peter Macmillan, Penguin Classics, Londres, 2016.

O haicai de Matsuo Bashō na p. 56 é traduzido por Robert Hass em *The Essential Haiku, Versions of Basho, Buson and Issa*, publicado por Bloodaxe Books, Hexham, 2013.

"Mirror Piece", na p. 144, e "Tunafish Sandwich Piece", na p. 196, são reproduzidos de *Grapefruit* de Yoko Ono (© Yoko Ono 1964), com permissão de Herbsman Hafer Weber & Frisch, LLP, em nome de Yoko Ono.

Primeira edição (novembro/2025)

Papel de Miolo Luxcream 70g

Tipografias Garamond e Futura

Gráfica LIS